Sibylle Krause-Burger

KÄMPFE, KANZLER UND KOLUMNEN

Sibylle Krause-Burger

KÄMPFE, KANZLER UND KOLUMNEN

Mein Leben in bewegten Zeiten

SILBERBURG

SIBYLLE KRAUSE-BURGER, in Berlin geboren
und in Württemberg aufgewachsen, studierte
Politische Wissenschaften in Tübingen. Sie
ist Kolumnistin der Stuttgarter Zeitung und
veröffentlichte zahlreiche Bücher. Für ihre
Arbeiten wurde sie mehrfach ausgezeichnet,
darunter zweimal mit dem renommierten
Theodor-Wolff-Preis.

BILDNACHWEIS

Archiv Krause-Burger: S. 7, 14, 24,
54, 59, 75, 85, 95, 103, 106/107, 128, 145
und Umschlagfoto vorne.
Michael Steinert, Stuttgarter Zeitung:
S. 155 und Umschlagfoto hinten.
H. Graf Bülow v. Dennewitz: S. 136
Thomas Hörner, Pressefoto
Kraufmann & Kraufmann: S. 120/121
Christel Korte, SWR: S. 141
Privatarchiv Barbara Otto: S. 42
Paul Swiridoff, Zentralarchiv,
Museum Würth, Künzelsau: S. 35
Valentin: S. 21

1. Auflage 2018

© 2018 by Silberburg-Verlag GmbH,
Schweickhardtstraße 5a, 72072 Tübingen.
Alle Rechte vorbehalten.
Umschlaggestaltung:
Christoph Wöhler, Tübingen.
Printed in Slovenia by Florjancic.

ISBN 978-3-8425-2071-4

Besuchen Sie uns im Internet
und entdecken Sie die Vielfalt
unseres Verlagsprogramms:
www.silberburg.de

INHALT

Vorgeschichte 6

Der Schulgott 13

Nachkriegsmänner 23

Träume und Wirklichkeiten 28

Praeceptor Germaniae 34

Till Eulenspiegel im Audimax 41

Kein Rang, aber ein Renommee 53

1968 und der Heiland Rudi Dutschke 65

Meine Buddenbrooks 74

Und der Kanzler langweilte sich sehr 79

Weltbürger und Kleinbürger in einem 83

Machtwechsel 88

Eine kleine Stadt am Rhein 94

»Weil du eine Frau bist« 111

Zwei Brüder im Tode 114

So schmeckte die Diktatur 119

Die grüne Eminenz 127

Der am Zaun des Kanzleramtes rüttelte 135

Schröder, Stolpe, Gauck – meine klügsten Ossis 140

Angela, die reine Magd 147

Eine besondere Begegnung 151

Geliebte Kolumne 154

VORGESCHICHTE

Ein seltsam scharfer Geruch von frischen Laugenbrezeln hing über der Mitte der Dorfstraße. Er stieß mich ebenso in ein Gefühl des Fremdseins wie die Schwaden, die von den Misthaufen vor den Bauernhäusern aufstiegen und mir auf dem frühen Schulweg noch viel intensiver in die Nase stachen. Ab und zu trat ich aus Versehen in einen der zahllosen Kuhfladen, denen kaum auszuweichen war. Weit und breit kein Asphalt, kein Bürgersteig, wie ich es aus der Großstadt kannte. Die Ochsengespanne hatten sich schon vor mir aufgemacht und ihre Spuren hinterlassen. Und dann die Sprache, dieses bäuerische Schwäbisch. Ich verstand kein Wort.

An diesem Ort fühlte ich mich erst einmal nicht zu Hause. Acht Jahre war ich alt, seit August 1943 hierher ausgelagert, weil in Berlin der Bombenkrieg tobte und die Familie von den Nazis verfolgt wurde. Um nicht wegen der jüdischen Mutter als »Mischling ersten Grades« in ein Lager gesteckt zu werden, hatten mich die Eltern aufs Land zu den »arischen« Großeltern geschickt, die von ihrer Tochter, der nationalsozialistisch infizierten Schwester meines Vaters, betreut wurden. Auch diese Tante war aus Berlin gekommen, im Gegensatz zu mir jedoch ausschließlich der Bomben wegen. Jetzt wohnte sie mit ihren Kindern hier in Nussdorf, wo der Großvater herstammte. Ein idyllischer Ort und vermeintlich auch sicher, weit weg vom politischen Getümmel, vom Krieg und von den Kämpfen in dieser unmenschlichen Zeit.

Nicht nur die Laugenbrezeln und Kartoffelkuchen, die Misthaufen und Kuhställe waren mir fremd. Ich kannte auch keinen einzigen Menschen, hatte weder die Tante noch die Großeltern vor meiner Ankunft mit Bewusstsein gesehen. Denn über der nationalsozialistischen Zeit war die Familie auseinandergebrochen. Tante Hilde, so hieß sie – in der Jugendzeit eine Busenfreundin meiner jüdischen Mutter, beide

Familien wohnten in Berlin in demselben Mietshaus – war nun mit einem SS-Offizier verheiratet. Sie liebte nicht nur ihren Mann, sondern mit ihm und durch ihn auch den Jahrtausendverbrecher Adolf Hitler. Er war ihr Gott. Also hatte sie sein Bild, überlebensgroß, altargleich und in Feldherrnpose im Wohnzimmer aufgehängt. Wer so handelte und dachte, konnte keine Freundschaft mit einer Jüdin pflegen, sei die Verbindung auch noch so alt. Und natürlich wollte Hilde mich, die Tochter dieser ausgemusterten Freundin, auch nicht aufnehmen, als mein Vater, ihr Bruder, sie darum bat. In seiner Verzweiflung gab er mich trotzdem einer ebenfalls aus Württemberg stammenden guten Bekannten des Hauses an die Hand und schickte mich zu Hilde aufs Dorf. Sie nahm mich gnädig auf und war dann doch erstaunlich nett zu mir.

Das schöne Nussdorf vor der Zerstörung im Zweiten Weltkrieg. Der Weg zur Schule führte über die Hauptstraße.

Von den politischen Hintergründen der familiären Zerwürfnisse wusste ich natürlich nichts. Allenfalls spürte ich, dass etwas im Busch war. In Berlin hatte ich ja auch die jüdische Großmutter mit dem Stern auf ihrem Mantel gesehen, hatte beobachtet, wie sie das Kainsmal hinter der Handtasche zu verstecken versuchte. Plötzlich war ihre Wohnung versiegelt, sie selbst verschwunden, abgeholt, wie es hieß. Das könnte auch uns widerfahren, sagte der Vater. Ein paar Mal wurden wir gewarnt und flohen quer durch Berlin zu Freunden. Doch hier in Nussdorf betete ich abends inbrünstig mit der Nazi-Tante und ihren Sprösslingen, der liebe Gott möge uns den Krieg gewinnen lassen. Das tat er ganz offensichtlich nicht. Sogar wir Kinder konnten erkennen, dass sich der Allmächtige in dieser Sache von ein paar deutschen Gebeten nicht erweichen ließ. Wenn wir tagsüber himmelwärts schauten, sahen wir die in der Sonne blitzenden Geschwader der Amis über uns hinwegziehen.

Aus Berlin kamen nur schlechte Nachrichten. Bombenangriffe, immer wieder Bombenangriffe. Ich hatte furchtbare Angst um meine Eltern. Doch wie ein Wunder gelang ihnen die Flucht. Deshalb waren wir alle vor Kriegsende in Nussdorf vereint: die alten Großeltern, die dem Nationalsozialismus verfallene Tante mit ihren Kindern, meine jüdische, vom ganzen Dorf beschützte Mutter, der Vater, mein kleiner Bruder und ich. Als dann der Zusammenbruch, wie die gängige Formel damals lautete, hinter uns lag, hatte ich das Ländliche ebenso wie das Schwäbische längst verinnerlicht und den Dialekt zur Muttersprache erhoben. Jetzt wollte ich Bäuerin werden, weil man in diesem Beruf dem Lebensnotwendigsten doch am nächsten war. Essen, Trinken, Wohnen – darum drehte sich jetzt alles. Der Krieg hatte auch die ländliche Idylle am Ende nicht verschont, denn unser Dorf lag auf einem Hügel, von dem aus man die ganze Gegend überblicken konnte. Ausgerechnet hier wollte die SS noch den Sieg erringen.

Wir büßten dafür mit zwölf Tagen und Nächten Aufenthalt in einem Bierkeller, mitten im Frontgeschehen. Danach war der Ort zu 80 Prozent zerstört. Wir besaßen nichts mehr. Doch wir lebten. Nur die Großmutter war auf dem Strohlager des Kartoffelkellers, nachts und unmittelbar neben mir, in eine andere Welt hinübergegangen. Keiner hatte es bemerkt.

Fast ein Jahr lang hausten wir in der Schule in einem früheren Klassenzimmer, anschließend fand der Vater Arbeit und eine Wohnung, sechs Kilometer entfernt in der Kreisstadt Vaihingen an der Enz. Er übernahm die Leitung einer Strickwarenfabrik und wurde gleichzeitig Vorsitzender einer Spruchkammer. Natürlich wohnten wir nicht allein, sondern zusammen mit einer anderen, fünfköpfigen Familie. Das ging tatsächlich, ja, es war damals selbstverständlich, und wir waren insoweit zufrieden, als keine Sirenen mehr heulten, keine Bomben fielen, keine Granaten über uns hinwegpfiffen. Es herrschte Friede in Deutschland. Ich aber konnte mir gar nicht vorstellen, dass dieser paradiesische Zustand anhalten würde, und wunderte mich sehr über die Erwachsenen, die sich daranmachten, ihre Häuser wieder aufzubauen.

Es war doch zu viel geschehen bis dahin. Baltische Schergen der Gestapo hatten, wie wir später erfuhren, die jüdische Großmutter, eine hübsche, lebensfrohe und von mir heißgeliebte Rheinländerin, in Estland nackt in eine Grube geschossen. Ihr Sohn Günter, der Bruder meiner Mutter, hatte Auschwitz keine sechs Tage überlebt. Unsere Mutter, auch sie eine Verfolgte und nur gerettet, weil sie mit einem »Arier« verheiratet war, blieb ein Leben lang angstgezeichnet von alledem. Niemand sollte erfahren, dass sie jüdischer Abstammung war. Alle wussten es. Und doch sagte sie immer wieder mal sehr selbstbewusst: »Die Berliner Juden waren das Feinste vom Feinen«, oder auch: »Die Juden sind das Salz der Erde.«

Den deutschen Anteil dieser Spezies, kunstbesessen und zutiefst deutsch verwurzelt, ja deutsch begeistert, gibt es nun nicht mehr. Es wird ihn auch nie wieder geben. Aber mit Deutschland ist es nach entbehrungsreichen Jahren doch aufwärtsgegangen, zuerst im Westen, später zusammen mit den mittel- und ostdeutschen Landesteilen: Schritt für Schritt, besonders nach der Währungsreform von 1948 und nach der Gründung der Bundesrepublik, die fest geerdet ist auf dem Humus des beispielhaften Grundgesetzes, das die Fehler und Fallstricke der Verfassung von Weimar konterkarierte, das half, Bürgerinnen und Bürger zu überzeugten Demokraten zu machen.

Ganz langsam, nicht nur wegen seiner Wirtschaftskraft, auch weil es sich der mörderischen Vergangenheit stellte, ist das Land in den Kreis der zivilisierten Nationen zurückgekehrt. Zudem hat es Glück gehabt mit seinem politischen Personal. Der erste Bundeskanzler Konrad Adenauer band den westlichen Teil der jungen Republik an die Schutzmacht USA. Sein Wirtschaftsminister Erhard führte die segensreiche »Soziale Marktwirtschaft« ein. Willy Brandt versöhnte den Osten. 1990 war den Deutschen unter Helmut Kohl das unverhoffte Glück der Wiedervereinigung beschieden. Schließlich löste Gerhard Schröder mit der Agenda 2010 die erstarrten Regeln der Wirtschaft. Das Land blühte auf. Doch ihn kostete sein Mut die Kanzlerschaft.

Niemals in all den Jahren seit jenem Zusammenbruch habe ich ein Gefühl der politischen Bedrohung verspürt, auch nicht in den äußerst schwierigen Zeiten der RAF-Morde und mancher Rezession, nicht während des Ausbruchs der Finanzkrise. Jetzt aber, nach einer so langen Epoche, in deren Verlauf es den Deutschen immer besser gegangen ist, ja so gut wie nie zuvor in ihrer Geschichte, sehe ich plötzlich eine Phase des Umbruchs, ein Schwinden der schönen Gewissheiten. Terroranschläge erschüttern nun auch Deutschland. Die Masseneinwanderung aus Gegenden der Welt, die unserer Kultur fremd sind, löst Ängste aus. Populisten, Verächter des Rechtsstaates und der Gewaltenteilung gewinnen an Boden, nicht nur in den USA, auch in Staaten der Europäischen Union. Bei uns steigt die AfD, eine Partei, in der auch Rechtsradikale und Antisemiten eine politische Heimat gefunden haben, 2017 zur drittstärksten Kraft im Parlament auf. Über dem Flüchtlingsproblem hat sich die Gesellschaft gespalten. Die einen huldigen der Willkommenskultur und sehen über die kulturellen und sozialen Schwierigkeiten hinweg. Die anderen fürchten, dass es nun mit dem christlichen Abendland wirklich zu Ende geht. Zerbröselt etwa, was sich über die Jahrzehnte so wundersam und unverdient zum Guten entwickelt hat?

Wir, die Nachfahren der Täter- und Opfergeneration, haben ihn doch geliebt, unseren liberalen Nachtwächterstaat. Nach dem totalitären Staat der Nazis schwebte uns das Modell des schlanken Staats vor, sodass schon das Vorhaben einer Volksbefragung, anno 1987, geradezu hysterische Abwehrreaktionen auslöste. Nach dem Schreckensregime der Gestapo wollten wir weniger Polizei. Nach der mörderischen Intoleranz gegenüber der halben Million Juden, die in den dreißiger Jahren in Deutschland lebten, setzte der Staat unter der Kanzlerin Angela Merkel geltendes Recht außer Kraft, um eine Million Flüchtlinge, etliche ohne Papiere, ins Land zu lassen. Nach der Intoleranz der Nazis pflegte und pflegt die Bundesrepublik nun eine Toleranz, die auch der Intoleranz Raum bietet: der von rechts, der von links und nicht zuletzt der von islamistischer Seite. Nach der Überhitzung des Nationalen sollte Deutschland in Europa aufgehen. Jetzt flackern in Europa neue Nationalismen auf – nicht nur in Polen und Ungarn, in England und in Katalonien, sondern auch bei uns –, obwohl die nationalen Kräfte nicht ausreichen werden, die Probleme zu meistern. Unser geliebter Nachtwächterstaat erscheint bisweilen hilflos. Wir könnten also verlieren, was wir wider jede Erwartung gewonnen und gehegt hatten: den nun siebzig Jahre währenden Frieden, die Überwindung des Zeitalters der Ideologien, einen nie gekannten Wohlstand, dazu »Good Governance«, unter welchem Kanzler, in welchen Koalitionen auch immer, ebenso sozialen Ausgleich, dank maßvoller Gewerkschaften und vernünftiger Arbeitgeber, und nicht zuletzt die Gleichberechtigung der Frauen. Sie ist viel weiter vorangekommen, als ich mir das am Anfang meiner journalistischen Arbeit hätte vorstellen können.

Es waren Jahrzehnte des Fortschritts, und natürlich sind sie oft beschrieben worden. Aber wie fühlte sich die Republik in dieser Zeit von innen an? Stimmt es, nur zum Beispiel, was nun alle glauben, die diese Zeit nicht erlebt haben, dass die fünfziger Jahre so düster waren und das freie Leben erst Ende der Sechziger begann? Vom Lebensgefühl in den vielen guten Jahren seit Gründung der Bundesrepublik und ebenso von sehr persönlichen Erlebnissen erzähle ich in diesem Buch, beginnend mit den Nachkriegsjahren über den Fall der Mauer bis hin zur wiedervereinigten Gegenwart. Von der inzwischen ausgestorbenen Art der Schulpotentaten ist die Rede, desgleichen von den Besonderheiten einiger Bundeskanzler, Minister, Spitzenmanager, von politischen Berühmtheiten, denen ich in meinem Beruf begegnet bin und über die ich zu berichten hatte. Dabei wähle ich für diese Erinnerungen aus, was mir an Personen wie an Ereignissen als typisch für die jeweilige Zeit erscheint, allesamt Episoden aus dem Roman der Nachkriegsgeschichte. Wie unter einem Spotlight versuche ich zu beleuchten, was eher im Verborgenen blüht und vielleicht bald ganz vergessen sein wird. Es ist eine sehr subjektive, auch unvollständige Auswahl, und natürlich ist es ein weiblicher Blick, der Menschen und Geschehnisse einfängt.

DER SCHULGOTT

Er ging schon ein bisschen altmännerhaft, mit eckigen Bewegungen, die Knie bei jedem Schritt leicht nach außen ausschlagend, was die Bundhosen, die er gerne trug, noch sichtbarer machten, als wenn er weitere Beinkleidung bevorzugt hätte. Gemessen an diesem Gang, hätte man ihm glatt sechzig oder mehr Jahre geben können. Dabei war er doch ein vergleichsweise junger Mann, gerade mal Anfang vierzig, mit einem ebenmäßigen, schmalen Gesicht, noch vollem, kurz geschorenen, nach oben gebürsteten schwarzen Haar und einem stets halb prüfenden, halb drohenden Ausdruck in seinen dunklen Augen. Nie habe ich ihn richtig lachen gesehen, dennoch verfügte er über eine Art grimmigen Humor, den er bei Gelegenheit, etwa dem Austeilen der Klassenarbeiten, gerne über uns ausgoss. Aber er war ja auch nicht zum Amüsement bestellt, sondern zur Leitung unseres Progymnasiums, wo auf den zerkratzten Bänken ein paar hundert Schüler saßen, die er wohl, mit wenigen Ausnahmen, für nicht sehr begabt, stattdessen aber für reichlich aufsässig hielt. Deshalb versuchte er mehr zu herrschen, als zu führen, und wir, seine Untergebenen, hatten eine für die damalige Zeit sehr deutsche Beziehung zu ihm – wir verehrten, wir liebten und wir fürchteten ihn.

Er war nicht nur unser Lehrer für Deutsch und Geschichte, unser Klassenlehrer und Schulleiter, er war auch das Prinzip von alledem, war Herrschaft, Überlegenheit, Unterdrückung, der Stiefel in unserem Genick. Er war männliche Macht, Ausdruck seiner Zeit, einer Männerepoche, die am Beginn der fünfziger Jahre noch nicht ganz zu Ende gegangen war. Entsprechend nahm er uns Mädchen nur wahr, wenn es gar nicht mehr anders ging. »Bube, des müsset ihr wisse«, posaunte er mit stark schwäbischem Akzent bei schwierigen Fragen in die Klasse. Kam dann nichts Gescheites aus der angesprochenen Ecke, legte er nach: »Tantene, jetzt seid ihr dran.«

Ich war eine von diesen Tanten, gerade mal 14 Jahre alt, und nahm mir die letzten Endes doch unglaubliche Herabsetzung nicht sonderlich zu Herzen. Eher war ich ein um das andere Mal verwundert. Wie kam er nur auf die Idee, dass die Buben in unserer Klasse, diese zarten Bürschchen, uns etwas vorausshätten – manche noch viel kleiner und kindlicher als wir Mädchen und die meisten von ihnen zudem nicht gerade mit überbordender Intelligenz begabt? Weshalb sollten sie vor uns rangieren? Seltsam. Doch gestützt von den Eltern – wie ich aufgewachsen und erzogen worden war –, mit allen Talenten ernst genommen, ja gefördert und in Niederlagen getröstet, konnte mich diese Herabsetzung durch die höchste schulische Autorität nicht wirklich erschüttern. Ich ging nach Hause, donnerte ein durch allerlei Misstöne beeinträchtigtes Schubert-Impromptu in den Blüthner-Flügel meines Vaters und redete mir ein, meine außerordentliche Kraft und meinen Scharfsinn zu spüren.

Aber vergessen habe ich es eben doch nicht. So wenig wie diesen Lehrer, der erste in der Reihe jener Männer, die mich irgendwann einmal in meinem Leben gleichzeitig faszinierten und großzügig übersahen, zurücksetzten, demütigten, hassten, vielleicht auch fürchteten oder irgendwann sehr spät, bisweilen zu spät, doch noch zu schätzen wussten. Männer mit Macht. Männer in Positionen. Überheblich und doch irgendwo ihrer selbst nicht ganz sicher. Aber wer ist das schon?

Wir nannten ihn »Vatti«. Er war das Urbild dieser Art. Eines Tages, nachdem er von irgendeiner Tagung zurückgekommen war, stürmte er in die Klasse: »Die verdammte Poussage hört auf!« Wir vierzehn Jahre alten Gören hatten mit ein paar von den um zwei Jahre älteren Jungen in der Pause zusammengestanden, hatten uns auch abends auf dem Marktplatz der kleinen Stadt wieder getroffen. Eine Tüte mit Bonbons war von Hand zu Hand gereicht worden. Damals eine Kostbarkeit. Ich hatte sie einem Care-Paket aus Amerika entnommen. Einmal war es auch zu einer Begegnung »hinter dem Bahndamm« gekommen, auf dem das Eisenbähnle zum Nordbahnhof von Vaihingen an der Enz tuckerte, unserer kleinen, mittelalterlich erhaltenen Stadt. Wir hatten aus Laub selbstgedrehte Zigaretten zu rauchen versucht, was uns nicht gelang. Das Zeug glimmte nur und schmeckte scheußlich. Wir ließen sofort davon ab. Andere Drogen gab es nicht, wären uns auch nicht in den Sinn gekommen. Trotzdem sah man uns im Stand der Sünde.

Der Schulgott

Irgendjemand hatte dem Mächtigen von diesen Szenen berichtet. So weit also reichte seine Aufmerksamkeit, bis in unseren harmlosen Teenager-Alltag, der nicht viel mehr bot, als mit dem Fahrrad freihändig durch die Gegend zu brausen, durchs Wehr in die Enz zu schwimmen, was nicht ganz ungefährlich war, und von der kleinen Brücke in den Fluss zu springen oder eben mit den Buben auf dem Marktplatz Blicke und Bonbons zu tauschen. Letzteres war zu jener Zeit mit dem Wörtchen »poussieren« belegt, einem der sprachlichen Reste französischer Einflüsse aus alten Hugenotten- oder Besatzungsepochen. Welch kolossale Verworfenheit. Die Lehrer von heute wären selig, sie hätten an ihren Zöglingen sonst nichts zu bemängeln. Und die Zöglinge von heute könnten froh sein, sie wären so frei wie wir in den so oft als dunkle Adenauer-Zeit verunglimpften Jahren nach dem Krieg.

Es war nicht die Freiheit, in Discos zu gehen, denn Discos gab es noch nicht, nur vereinzelte und schrecklich verrauchte Jazzkeller. Es war nicht die Freiheit, schauerliche Fernsehstücke anzuschauen oder sich in Computerspielen auszutoben. Auch das alles musste erst erfunden werden. Es war nicht die Freiheit, zu shoppen, denn zum Einkaufen machte man sich nur auf, wenn man etwas brauchte und es auch bezahlen konnte, abgesehen davon, dass es die meisten Dinge, die einen reizten, gar nicht gab. Es war nicht die Freiheit, via Smartphone mit Freundinnen und Freunden en masse Nachrichten und Werweißwas auszutauschen. Nein, das alles war es nicht. Wir waren frei auf andere Art, waren frei von alledem, von zu viel Haben und Habenmüssen, von dem Zwang, sich im Kreis von Freundinnen oder Freunden besonders hervorzutun, um nicht gemobbt zu werden, frei auch von der Überfürsorge und dem Überehrgeiz der Eltern. Die Straßen, obwohl damals schon sehr befahren, gehörten immer noch uns, die Natur gehörte uns, die Gewässer, die häufig verschmutzten, wie die Enz – die mal rot gefärbt, mal braun vom industriellen Pforzheim herabrollte – gehörten uns. Die Zukunft gehörte uns. Und von Tag zu Tag wurde alles besser, Schritt um Schritt ging es aufwärts, und langsame, gleichwohl stete Erhellung des Alltags erhellte auch das Leben von uns Jugendlichen, selbst wenn wir unter den Autoritäten daheim, in der Schule oder an der Uni leiden mussten. Wir hatten trotzdem so wunderbar viel frische Luft um die Nase.

Mich umfächelte sie vor allem, wenn ich auf dem Fahrrad saß. Nichts hat mir in den späteren Jahren so sehr das Gefühl von Freiheit verschafft wie das Radeln durch die alten Gassen Vaihingens, möglichst freihändig, über die neu gebaute Umgehungsstraße, an deren Enden hinter dem Gesträuch, mal hier, mal da, ich mich mit Hansi traf, einer ersten Liebe. Oder ich strampelte in die herrliche Landschaft des Strombergs, wo eine Freundin wohnte. Zuerst hatten die Eltern für mich ein altes Gefährt aufgetrieben, einen »Göppel«, schwarz, etwas grob, doch es fuhr. Damit war ich schon ziemlich glücklich. Doch dann, es muss nach der Währungsreform gewesen sein, schenkten sie mir ein türkis-metallisch glänzendes Rad der Firma Staiger mit einer Dreigangschaltung von Fichtel & Sachs zum Geburtstag. Es war ein Star unter den Fahrrädern. Ich habe es geliebt, das kann ich ohne jede Übertreibung sagen. Kein anderes Geschenk in meinem inzwischen doch recht langen Leben hat mich so begeistert wie dieses Fahrrad. Es war sofort als ein Teil von mir angenommen, ein alter ego, es sagte Du zu mir, wir waren verliebt, verlobt, verheiratet – über Jahre hinweg bis in die Anfänge des Studiums in Tübingen. Es ermöglichte mir, überall hinzukommen, wo ich hingelangen wollte – nicht zuletzt zu mir selbst. Nur für den Schulweg brauchte ich es nicht.

Unsere Schule war in einem ehemaligen und für den neuen Zweck umgebauten Krankenhaus untergebracht. Das klingt nach gewaltigen Ausmaßen, doch es handelte sich um einen rechteckigen, vergleichsweise kleinen, allenfalls 100 Meter langen zweieinhalbstöckigen Bau mit einem Giebeldach. Nur ein halbes Dutzend Klassenräume hatte darin Platz, dazu das Lehrerzimmer und die Büros des Schulleiters und seiner Sekretärin. Ein freundliches Gebäude. Wir wohnten nur zwei Gehminuten entfernt, sodass ich jeden Morgen in letzter Sekunde ansausen konnte. Das tat ich ausgesprochen gerne. Ich liebte diesen überschaubaren Ort mit seinem einzigartig-zeittypischen Personal, obwohl oder gerade weil die Lehrerschaft ausnahmslos aus gebrochenen oder zumindest verbogenen Männergestalten bestand. Jeder von ihnen trug auf seine eigene Weise die Vergangenheit noch mit sich herum: die einen als mehr oder minder Geschlagene, die anderen als autoritätsverliebte Schuloffiziere.

Einmal waren wir – drei oder vier Mädchen und zwei Jungen – nachmittags während der Abwesenheit des Übervaters über eine Regenrinne hinauf in unser Klassenzimmer geklettert. Wir hielten das für eine Heldentat, standen dann dort aber dumm herum, klopften uns leeren Blickes auf die Schultern und wussten mit diesem Sieg nichts anzufangen. Auch diese Geschichte war zu unserem Schulgott vorgedrungen und gab einen der Gründe für einen ausrastenden Auftritt ab und ein wutentbranntes: »Wenn die Katze aus dem Haus ist, dann tanzen die Mäuse.«

Ich war mir ziemlich sicher, er könne mich nicht leiden, obwohl er das nie ausgesprochen hatte. Vielleicht hielt ihn aber auch nur eine gewisse Vorsicht zurück. Man sagte ihm eine Nähe zum Dritten Reich nach, einige am Ort hatten auch noch Auftritte in Uniform in Erinnerung. In alledem war er wohl ein ganz typischer männlicher Vertreter seiner Generation, Mitglied in der NSDAP, vorweg um beruflicher Vorteile willen, durchaus aber auch aus Überzeugung, so errang er den Posten des »Kulturstellenleiters«, weil es, wie er später vor der Spruchkammer bekannte, in seiner Natur lag, am »Bilden und Formen von Dingen, die an das Künstlerische heranreichen, meine Kraft zu versuchen«. Das hat ihn an diesem Amt »gereizt«. Dabei hat er auch ganz »bewusst das vaterländische Gefühl gehegt und gepflegt«. Die Spruchkammer stufte ihn als »Mitläufer« ein, nachdem alle renommierten Nazi-Gegner der Stadt für ihn aussagten, bis hin zum Kommunisten Kanz und zum Pfarrer Roller aus dem Nachbarort Enzweihingen, der zu einem Ring von Pastoren gehört hatte, die Juden unter Lebensgefahr für sich und ihre Familien von Pfarrhaus zu Pfarrhaus weiterreichten, um sie zu retten. Eine ganze Sammlung von »Persilscheinen« kam da zusammen, obwohl unser Schulgott ja tatsächlich mitgelaufen war, wegen der »Wertschätzung der sozialen Einstellung« und der »Achtung vor den nationalen Inhalten des Parteiprogramms« der Nazis, und natürlich auch, weil es in der

Partei für einen jungen Beamten leichter war, »sein Auskommen zu finden«. So zumindest hat er es in seiner Verteidigungsschrift für die Spruchkammer dargelegt.

Millionen andere aber hatten im Dritten Reich nicht nur kein Auskommen, sondern den Tod gefunden. Da sah er dann womöglich in mir, einem Kind, das mit seiner jüdischen Mutter nur knapp überlebt hatte, so etwas wie einen wandelnden Vorwurf. Der Mann war ja intelligent.

In meinen Gedanken und Phantasien spielte diese mögliche Distanz zu mir als einer Verfolgten des Systems, das er unterstützt hatte, keine besondere Rolle. Dort nahm er zuvörderst den Platz des strengen Schulmannes ein, der in unserer Klasse die wichtigen Fächer Deutsch und Geschichte unterrichtete. Er war ein guter Lehrer, ein sehr guter sogar. Bei ihm langweilten wir uns nie. Aber er war eben auch voreingenommen, war doch noch gefangen in der alten Zeit.

Im Geschichtsunterricht kamen wir über Bismarck und seine großen Taten für Deutschland nie hinaus. Ein typischer Deutscher dieser Generation in seinem Widerspruch.

Auch unser Englischlehrer war ein Gezeichneter der Vergangenheit, des Krieges und der nationalsozialistischen Rohheit, ein Lehrer, der uns herumkommandierte, auf Stühle steigen und wieder herunterhopsen ließ, rauf, runter, rauf, runter, zack, zack, der uns auch ohrfeigte oder, wenn die Vokabeln nicht saßen, eine Schulstunde lang mit dem Gesicht zur Wand in die Ecke des Klassenzimmers stellte. Meine Mutter, eine trotz aller Verfolgungserfahrungen während der Hitlerzeit immer noch kämpferische Frau, erschien eines Tages, nachdem ich in der Ecke hatte stehen müssen, im Lehrerzimmer und fauchte ihn an: »Herr Czerny, Sie sind hier in einer Schule und nicht auf dem Kasernenhof.«

Doch genau dort sah er sich wohl unverändert. Und wir, gleichgültig ob männlich oder weiblich, waren seine Kadetten. Wenn er vor mir stand und ich von meiner Schulbank nach oben schaute, blickte ich direkt auf die flächige Unterseite seiner viel zu großen Nase. Mein Gott, ist er hässlich, dachte ich jedes Mal, so ein fahler Typ, so blondblass. Außerdem ist er gemein, dauernd haut er sogar den Mädchen eine runter. Wenigstens wurde er mir gegenüber nicht tätlich. Nach dem Rüffel meiner Mutter drohte er nur noch, ich hätte doch schon länger keine Backenzähne mehr geschluckt. Begreiflicherweise war er nicht besonders beliebt, hatte auch in der Stadt einen schlechten Ruf, nicht zuletzt, weil er im Sommer immer mit Fräulein Sadowski, der Schulsekretärin, im Freibad auf einem einzigen Tuch – auf schwäbisch hieß das »auf einem Teppich« – lag. Und das, obwohl er doch verheiratet war und einen Sohn hatte. Außerdem zwang er uns beim Sport seltsame Übungen auf, vor allem wenn der Unterricht bei warmem Wetter im Freien auf eben jener Badewiese stattfand. Dann mussten wir uns auf den Rücken legen, zur Stärkung der Bauchmuskulatur die Beine heben, spreizen und wieder zusammenführen. Obwohl wir nur spärlich aufgeklärt und noch sehr jungfräulich waren, dachten wir uns durchaus das Richtige dabei, wenn er da vor uns stand und Kommandos erteilte. Aber trotz oder besser: gerade wegen seiner Fehlerhaftigkeit fand ich diesen Schlesier ziemlich interessant. Mich reizte das Unangepasste an diesem Mann in dem pietistischen Milieu unserer Kleinstadt, wo schon die selbstgeschneiderten kurzen Hosen, die ich im Sommer auf dem Fahrrad trug, bei einigen älteren Damen – »kürzer als mei Unterhos'« –, wie mir berichtet wurde, Anstoß erregten.

Wir waren uns auch über die Musik ein bisschen nähergekommen. Der Lehrer Czerny, dessen brachialen Paukermethoden ich verdanke, dass ich recht gut Englisch sprechen und jederzeit eine Fülle von Idioms wie »It's no use crying over spilt milk« abrufen kann – Redewendungen, die er uns endlos wiederholen und aufschreiben ließ –, dieser Herr Czerny war eben nicht nur ein vom Krieg versauter schulischer Berserker. Er hatte auch Seele, sang und spielte Gitarre. Auf irgendeinem Schulfest, im Saal des einzigen Kinos, das es damals in unserer kleinen Stadt gab, wollten wir, er und ich, einen englischen Weihnachtschoral vortragen. Er begleitete mich auf seinem Instrument, und bei den Proben klappte auch alles. Doch als ich bei der Aufführung begann: »The first Nowell the angels

did say was to certain poor shepherds in fields as they lay … Nowell, Nowell«, war meine Singstimme vor lauter Aufregung plötzlich völlig weg. Er klampfte weiter und ich sang nicht mehr, sondern sprach den Rest. Das war das traurige Ende unserer Duette und ebenso das allerdings nur vorläufige Ende meiner Überzeugung, eines erwachsenen Tages, wenn schon nicht als große Sängerin, so doch als Soubrette – mit Vorliebe als eine neue Marika Rökk, ich wusste ja nicht, wie sehr sie den Nazis gedient hatte – auf der Bühne zu stehen, zu singen und zu tanzen.

Irgendwann entschwand er in eine andere Stadt und an ein anderes Gymnasium. Unser Schulgott »Vatti« aber, der geliebt Gefürchtete, blieb an Ort und Stelle und besetzte in der kleinen Stadt bis weit über seine Pensionierung hinaus den Platz eines Säulenheiligen. Schon als er noch im Amt war, schrieb er Heimatspiele über das Leben auf der Burg Kaltenstein, die weit oben über dem Städtchen thronte.

»'s isch Maietag«: Biedermeierlich in Kostümen des Stuttgarter Staatstheaters schmücken Schülerinnen des Progymnasiums eine Kutsche im festlichen Umzug. Die Autorin (ganz rechts) zählt zu den Auserwählten.

Adlige Herren und feine Burgfräulein traten in den Stücken auf. Schüler aus den oberen Klassen durften in diese Rollen schlüpfen und die mittelalterlichen Kostüme tragen. Sie wurden von uns Jüngeren bewundert, fast verehrt, genossen sie doch Vattis Hochachtung. Die Aufführungen fügten sich in den Rahmen des Maientags, eines alljährlichen Volksfestes, das bis heute stets am Pfingstmontag stattfindet, mit Umzügen in mittelalterlichen Kostümen, mit dem sogenannten Flößertanz, mit Rummel und Erwartungen, die nie erfüllt werden und einem auftaktgebenden, jeweils von kleinen Mädchen vorgetragenen Gedicht: »'s isch Maietag«. Gerade deshalb kommen alle Ehemaligen wieder und singen zum Schluss auf dem Marktplatz ein »Nun danket alle Gott« und »Im schönsten Wiesengrunde ...«, die Vaihinger Lokalhymne. Dann kullern uns ein paar Tränen übers Gesicht. Es könnte ja dieses Mal wieder so sein, wie es damals auch nicht war.

Jahre später, da war er nun wirklich schon ein alter Mann, traf ich »Vatti« noch einmal auf einem Klassenabend. Die Rangunterschiede zwischen uns aus der fernen Zeit waren hinfällig geworden. Aber wieder vermeinte ich sein Misstrauen und seine Vorsicht zu spüren, wie man überhaupt bei solchen Begegnungen in den nun erwachsenen Schulkameraden von einst genau die Charaktere wiedererkennt, als die sie einem Jahrzehnte zuvor erschienen waren: Nein, mit diesem konntest du doch nie richtig reden, und mit jenem hat es auch jetzt gleich gefunkt; bei dieser fällt dir sofort wieder die schnelle Intelligenz auf, jene hatte schon immer dieses Bräsige an sich und jene andere war doch von Anfang an ein falsches, hinterhältiges Luder gewesen. Trau niemandem, dem du auch früher nicht getraut hast. Und Vatti? Er war zwar altershalber in seiner Bedeutung und Überlegenheit, in seiner Alphatierhaftigkeit geschrumpft, doch immer noch einschüchternd und besonders für mich so unzugänglich wie eh und je.

Unser Lehrerkollegium erinnerte durchaus ein bisschen an das skurrile Ensemble aus dem Film »Die Feuerzangenbowle«, nach dem Roman von Alexander Spoerl. Da war der alte Dr. Schmid, Rektor der Schule in der Nazizeit, den die Amerikaner erst aussortiert und dann anno 1947, des Lehrermangels wegen, aus dem erzwungenen Ruhestand zurückgeholt hatten. Mit gutem Recht. Er war ein harmloser Mensch, war halt, wie so viele, in der NSDAP gewesen, sonst hätte er die Schule nicht weiter leiten dürfen. Das war nun endgültig vorbei, doch er unterrichtete uns im Fach Mathematik, nicht sehr streng, aber ungemein schulerfahren. Ein weißhaariges Männchen, gescheit und gewitzt. Es gelang uns nicht, ihm auf der Nase herumzutanzen. Wir achteten ihn, nicht zuletzt aus dem Grunde, dass er das schwierige Fach so exzellent beherrschte.

Seine Frau Marga teilte die Hoover-Speisung aus, jene großartig organisierte Schülerfütterung, von Amerika aus in Gang gesetzt, angeregt vom früheren Präsidenten Herbert C. Hoover, um deutsche Kinder in westlichen Zonen vor der Unterernährung zu retten. Eine fabelhafte Sache. Wie haben die das nur geschafft? Heutzutage macht es deutschen Bürgerstiftungen schon unüberwindliche Probleme, jedem Grundschüler morgens einen Apfel auf das Pult zu legen. Damals klappte alles reibungslos, und Marga war unsere Kellnerin. Die gute Frau, ein rundliches Hausmütterchen, goss stets die Brühe über ihren Daumen in unsere Essgefäße. Wir fanden das nicht ganz appetitlich und aßen trotzdem die Erbsensuppen und Nudelsuppen, die uns geboten wurden, genossen den Chester-Käse und die Cadbury-Schokolade am Samstag, nicht nur weil das alles sehr gut schmeckte, sondern auch, weil man damals alles aß. Es gab ja nicht viel. Den Geschmack dieser Köstlichkeiten habe ich heute noch auf der Zunge.

Der Schulgott und das Kollegium seiner Lehrer – fast jeder ein typischer Nachkriegsmann. Zu den Undurchsichtigen in unserem Lehrerkollegium gehörte Alfred Marek, ein Heimatvertriebener aus dem Sudentenland. Er erteilte uns Kunstunterricht, und ich liebte die Aufgaben, die er uns stellte: die Tannenzweige, die Märchenidyllen, die Herbstblumen, die Rosenblätter, die Dschungelszenen, die er uns malen ließ. Obwohl nicht sonderlich begabt auf diesem Feld, stürzte ich mich in Farben und Details. Ein anregender Lehrer, gewiss, doch entpuppte er sich menschlich als selbstherrliches Ekel und, vielleicht nur für mich erkennbar, zudem als Nazi. Eines Tages, wir hatten den Innenraum eines gotischen Domes nachzeichnen sollen, ließ er mich auf seinem Podium antanzen. Was ich mir denn dabei gedacht hätte, die Wände fielen ja auseinander, ja, was hast du dir dabei gedacht, sag es. Sag es! Doch es gab nichts zu sagen. Ich konnte es einfach nicht besser. Vergeblich forschte er in mir nach dem zersetzenden jüdischen Geist. Davon, ob nun zersetzend oder nicht, wusste ich gar nichts.

Wir Kinder waren getauft, wir gingen in den Konfirmandenunterricht, wir wurden konfirmiert, und wenn es auch nur einen Hauch religiösen Einflusses gab, so war er protestantisch und kam von außen, von der Schule oder der Kirche. Bei uns zu Hause herrschte ein agnostisches, aufgeklärtes, absolut liberales Klima. Meine Eltern waren keine Kirchenchristen, aber sie lebten die Nächstenliebe.

Vielleicht lag es an dieser geistigen Ausstattung und dem entsprechenden Verhalten, dass meine jüdische Abstammung gar nicht wahrgenommen wurde und ich mich auch nicht erinnern kann, jemals antisemitischen Angriffen ausgesetzt gewesen zu sein. Natürlich weiß ich nicht, was hinter meinem Rücken gedacht oder gesagt wurde, doch von Angesicht zu Angesicht hat sich mir nach dem Dritten Reich kein einziger Antisemit offenbart. Nur jener ferne Zeichenlehrer, mit seiner merkwürdigen Fragerei, ist mir in Erinnerung.

Eine ebenso verstörende Figur, wenn auch in ganz anderem Sinne, war unser Musiklehrer, einer der Jüngsten im Lehrerkollegium. Er hinkte stark infolge einer Kriegsverletzung, ein kleiner, fast zierlicher Mann, mit einem bezwingenden braunen Blick und einer sehr hohen Stirn, die sich in eine frühe Halbglatze verlängerte. Sein exzellenter, strenger Musikunterricht an der Schule faszinierte uns. Ich nahm bei ihm auch Klavierstunden und kam gut voran. Sonntags spielte er, ein Kirchengemeinderat, auch die Orgel. Kein Wunder, dass ihn eine besondere Freundschaft mit dem Dekan verband, einem unsympathischen, selbstgefälligen und dickbäuchigen Menschen, der seine Hauptaufgabe darin sah, uns Konfirmanden ein schlechtes Gewissen einzuimpfen. Ob der Theologe mit dieser Strategie auch bei seinem zart-zähen Freund Eberhard Pfitzer so verfuhr? Ich glaube kaum, obwohl er allen Grund dazu gehabt hätte. Denn der Musikus liebte kleine Mädchen. Immer wenn seine Frau verreist war, begann er beim Klavierunterricht an mir herumzutatschen, nahm meine Hände, damit ich seine wärmen sollte, oder legte den Arm um meine Schultern, während ich ihm vorspielte. Einmal schloss er, kaum dass ich eingetreten war, zu meinem unvorstellbaren Schrecken die Türe des kleinen Hauses, in dem er wohnte, hinter mir ab. Dann zog er mich aufs Sofa, drückte sich an mich und fragte mich, ob ich ihn liebe. Was sollte ich darauf auch antworten? Ich stak in der Klemme. Ein Ja wäre gelogen gewesen und hätte ihn zu weiß Gott welch weitergehenden Taten angeregt. Zu einem glatten Nein fehlte mir jedoch der Mut. Ich hatte fürchterliche Angst. Um ihn nicht zu provozieren, wobei ich überhaupt keine Vorstellung von dem hatte, was folgen könnte, sowohl im Falle eines Liebesgeständnisses wie in dem einer klaren Zurückweisung – beides erschien mir gleichermaßen gefährlich – sagte ich nur: »Ich weiß nicht«, und: »Ich bin doch erst zwölf.« Dabei blieb ich, obwohl er mich weiter bedrängte.

Irgendwann kam ich frei, ich weiß nicht mehr wie, und erzählte auf der Stelle in meinem liberalen Elternhaus, was mir zugestoßen war. Mein Vater schrieb ihm einen deftigen Brief des Inhalts, er solle bitte die Finger von seiner Tochter lassen, woraufhin der mich der Verleumdung bezichtigte und aus der Klavierstunde schmiss. In unserem Progymnasium unterrichtete er natürlich weiter. Das war dann nicht mehr besonders ersprießlich für mich, obwohl sich seine verhängnisvolle Neigung zu kleinen Mädchen in der Stadt schon herumgesprochen hatte und er die eine oder andere Schülerin, wie man sich allenthalben erzählte, hinter der Orgel mit seiner Aufmerksamkeit beglückte. Ich war also nicht die Einzige. Aber die Honoratioren hielten dicht, und das Wort eines Kindes galt damals nichts. Der Lehrer hatte Recht. Ich aber hatte einen sehr guten Klavierlehrer verloren.

Jahrzehnte später bekam ich einen Brief aus Aachen. Es meldete sich jener Musiklehrer: Er habe im Buchladen einen Band aus meiner Feder entdeckt. Er glaube, ich sei einmal seine Schülerin gewesen. Ich solle ihm doch bitte zurückschreiben, um seine Vermutung zu bestätigen. Oder ob ich ihn vielleicht vergessen hätte? Ja, ich hatte spätere Klavierlehrer durchaus vergessen, nicht jedoch diesen hageren Kinderbedränger, mit seinen dunkelbraun-glühenden Augen und den knochigen Fingern – ihn am allerwenigsten im Kabinett der kaputten Nachkriegsmänner an unserer »Oberschule für Jungen«, die inzwischen auch viele Mädchen besuchten. Noch einmal ein paar Jahre später, Eberhard Pfitzer war mittlerweile gestorben, las ich in Konstanz aus meinem damals jüngsten Buch, der Familiengeschichte »Herr Wolle lässt noch einmal grüßen«. Im Publikum saßen eine Menge brav und bürgerlich ausse-

Nachkriegsmänner

hender Leute. Darunter jedoch zwei ungewöhnliche Frauen, die mir sofort auffielen. Die jüngere trug eine Baskenmütze, schräg ins Gesicht gezogen. Die ältere hatte einen dramatischen Hut auf dem Kopf, etwas Aufgeplustertes, bunt Gefiedertes, und erschien mir stark geschminkt. Nach der Lesung kamen beide zum Pult und stellten sich vor – als Tochter und Ehefrau jenes unvergessenen Musikus, denen er von mir erzählt und die es mittlerweile an den Bodensee verschlagen hatte. Sie vermittelten mir nicht den Eindruck, dass sie von seinen seltsamen Neigungen auch nur die leiseste Ahnung hatten.

TRÄUME UND WIRKLICHKEITEN

Die Macht des Schulgottes hatte nur bis zum sogenannten Einjährigen gereicht. Um diesen Abschluss zu erreichen, musste man eine Prüfung ablegen, und wer sie bestand, war mit der Mittleren Reife ins Leben oder in eine weiterführende Schule entlassen. Mehr konnte unser Progymnasium nicht bieten. Wollte man das Abitur machen, so hieß es fahren: nach Mühlacker, auf ein gemischtes, sehr provinzielles Gymnasium, gerade mal zehn Kilometer entfernt von unserer kleinen, mittelalterlichen Stadt, oder nach Ludwigsburg auf eine reine Mädchenschule – grauenhafter Gedanke! – oder aber nach Stuttgart auf das Wirtschaftsgymnasium, das gerade sehr in Mode war. Das war mein Weg. Mit etlichen anderen Schülern aus meiner Klasse entschied ich mich für das Letztere. Im Alter von knapp 17 Jahren wollte ich ja noch Tänzerin werden, oder Pianistin, oder Soubrette, nach wie vor eine Art Marika Rökk, oder Sängerin, oder Kabarettistin, aber vielleicht doch mehr Tänzerin, auf alle Fälle eine Künstlerin, die auf den Brettern steht, die die Welt bedeuten. Daran gab es keinen Zweifel, und mein sanfter, musischer Vater widersprach nicht energisch genug, befand aber immerhin, die Kenntnisse vom Wirtschaftsgymnasium, wozu nicht nur Finanzmathematik und Buchhaltung, sondern auch Stenographie und Maschinenschreiben gehörten, würden mir im Notfall helfen, das Lebensnotwendigste zu verdienen – »wenn du gerade mal als Zweite von links in der dritten Reihe des Corps de Ballet tanzen darfst.« Dieser Satz hat sich mir eingebrannt. Ich sah sie vor mir, diese Balletttruppe, die Mädchen wie Puppen aufgereiht und ich ganz hinten links. Bei aller Leidenschaft fürs Tanzen, das wollte ich nicht. Bald war mir auch klar, dass die Arbeit mit den Beinen spätestens im Alter von dreißig Jahren zu Schwierigkeiten führen könnte. Doch nicht nur, weil jemand mit dreißig für eine Siebzehnjährige schon steinalt, also gar nicht mehr vorstellbar ist, beschloss ich, statt auf die Beine auf den Kopf zu setzen. Der würde dem Prozess des Alterns ein bisschen länger standhalten. Warum nicht Journalistin werden, zeitungsbegeistert wie ich war? Da könnte ich meine Sprachbegabung einbringen, dazu meine musischen Interessen und Kenntnisse, könnte aus dem Ausland von Theateraufführungen und Konzerten, aber auch über Politik berichten, obwohl die politischen Themen erst einmal nicht im Vordergrund standen. Aber ich konnte schreiben. Meine Aufsätze und Briefe waren nicht schlecht. Prosa war mein Fach. Zu dichten versuchte ich freilich nie.

Doch so oder so: Ich musste Fahrschülerin werden. Das bedeutete, um fünf Uhr aufzustehen, zu Fuß zum Bus, mit dem Bus zum Bahnhof und mit dem Bummelzug 45 Minuten nach Stuttgart, dort noch 20 Minuten in der ruckeligen und allemal total überfüllten Straßenbahn bis zu unserer Schule. Das war keine reine Freude und den Noten erst einmal auch nicht sonderlich bekömmlich. Im letzten der drei Schuljahre mieteten meine Eltern mir ein Zimmer in der Landhausstraße bei einer unfreundlichen alten Person, sehr evangelisch, mit dem zum Glauben passenden Dutt auf dem Hinterkopf. Abends war ich ziemlich allein, fuhr dann bisweilen doch lieber nach Hause, als bei der garstigen Alten zu nächtigen. Meistens hielt ich aber durch, turnte morgens und abends meine Ballettübungen ab und tröstete mich mit ein paar Träumen. Einen davon träumte ich an jedem Stuttgarter Morgen.

Von meiner Bude zur Straßenbahn ging es nur eine der vielen langen Stuttgarter Treppen hinunter – das, was man in Stuttgart ein »Stäffele« nennt. Mein Stäffele führte zu einem kleinen Platz, dem »Stöckach«, und direkt gegenüber der Haltestelle stand – und steht – das Gebäude, das früher einmal der Post gehört hatte und jetzt der Staatsanwaltschaft dient, damals jedoch Sitz des Süddeutschen Rundfunks war, eines kleinen, wunderbar freien Senders, zu dem die großartige Big Band des Erwin Lehn gehörte und auf dessen Welle man die spannenden Kommentare von Klaus Mehnert über die Sowjetunion und den fernen Osten hören konnte. Es war ein Ort der Berühmtheiten jener Zeit, auch Martin Walser arbeitete dort, war aber noch lange völlig unbekannt. Fast jeden Morgen stand ich davor. Und wie ich so dastand und auf meine Straßenbahn wartete, träumte ich, irgendeiner dieser berühmten Menschen aus dem Hause SDR käme aus dem Tor, sähe mich, wäre von mir fasziniert, von meiner Erscheinung, meinem Esprit, würde erkennen, was alles in mir steckt – und mich entdecken. Ja: »entdecken«. Wofür? Für irgendeine Star-Rolle, versteht sich. Welche, das wusste ich nicht, und es war auch ganz egal. Ich war hübsch und begabt, und der Sender würde meine Bühne sein. Basta. So ging das Morgen für Morgen, und es war auch nicht schlimm, dass die erwarteten Promis nicht auftauchten, um sich schnurstracks auf dieses junge, weibliche Genie zu stürzen. Ihr Ausbleiben hielt meine Träume am Leben. Und dann kam ja auch immer die Straßenbahn.

Soll das Mädchen studieren oder volontieren? Sie soll erst studieren, dann volontieren, meinte ein leitender Redakteur bei der von mir als Ziel für spätere Wirkungen heiß ersehnten Stuttgarter Zeitung. Die war damals ein überregional beachtetes Blatt mit einer Crew von hochbegabten Journalisten, fast ausnahmslos Männer, die ihrem Metier wie dem Alkohol gleichermaßen ergeben waren und unter der kritischen Textaufsicht des Herausgebers Joseph Eberle, alias Sebastian Blau – Verfasser wunderbar schwäbischer und lateinischer Gedichte –, ein für die Verhältnisse jener Zeit tolles und hoch erfolgreiches Blatt machten. Drei Frauen, immerhin, durften mitwirken, zwei davon streitbar wie Else Goelz, die eine bis dahin unbekannte Filmseite betreute. Die andere, Annemarie Hassenkamp, von panzerhafter Statur und entsprechender Durchsetzungsfähigkeit, war für den Reiseteil zuständig. Schließlich die betuliche Isolde Neidlein, die Dritte im Bunde, der die Frauenseite oblag.

Das Gespräch mit dem Zeitungsmächtigen, zu dem mein Vater mich geschleppt hatte, fand natürlich nicht in der Redaktion statt, sondern in einer Kneipe, unweit des 19 Stockwerke hohen Tagblatttturms. Es endete nach einer guten Stunde in einer Flut nicht mehr klar zu trennender und zu wertender Aussagen. Volontieren oder studieren? Studieren oder volontieren? Der hohe Herr Redakteur sprach immer undeutlicher, Vater und Tochter wussten nicht mehr, was sie von alldem halten sollten. Wir einigten uns dann, trotz der Verwirrungen und Verirrungen, auf das Verdikt des Studierens. Also auf nach Tübingen, um mich zunächst für die Fächer Geschichte, Englisch und Romanistik zu immatrikulieren. Ich hatte ja den Posten einer Auslandskorrespondentin im Hinterkopf, bevorzugt den in Paris. Schwerpunkt Kultur. Aber im Sommer und Herbst des Jahres 1956 absolvierte ich dann doch ein Kurzvolontariat. Allerdings nicht bei meiner angebeteten Stuttgarter Zeitung, sondern bei einem »Käsblättle« vom Rande der Stadt namens »Zuffenhausener Heimatrundschau«. Dort gab es einen einzigen Redakteur, einen kleinen Mann, mit einem Durchschnittsgesicht, einer bräunlichen Durchschnittshaarfarbe, einer Durchschnittsintelligenz und einer sozialdemokratischen Durchschnittsgesinnung. Er saß in einer dunklen Redaktionsstube, musste alles selbst machen und konnte meine Mitarbeit sehr gut gebrauchen. Deshalb durfte ich auch gleich ganz wichtige Artikel schreiben. Ich berichtete, dass Zazenhausen eine neue Telefonzelle und endlich auch ein neues Leichenhaus bekommen würde; ich schrieb über Verbesserungen am Asyl für Tiere im Feuerbacher Tal oder über Glocken für die Auferstehungskirche in Rot – »Der Guss ging gut vonstatten – bald wird ihr Ruf erklingen«. Halleluja. Höhepunkt meiner Tätigkeit war der Besuch einer Pressekonferenz mit Maria Schell, wo ich dann neben dem Kollegen Günter Kriewitz von der Stuttgarter Zeitung saß und mich natürlich in Gedanken in dessen Rolle versetzte. Mein Redakteur gönnte mir dieses Vergnügen. Er ließ mich auch über den Film »Anastasia« mit Lilli Palmer schreiben. Das gab es freilich nicht ganz umsonst. Für so viel Wohlwollen sollte ich ihn nach des Tages Mühen auf den Tennisplatz begleiten und ihm bei seinem famosen Spiel Beifall spendend zuschauen. Vielleicht habe ich das ein oder zwei Mal tatsächlich über mich gebracht. Ich weiß es nicht mehr.

Aber eines weiß ich noch ganz genau, dass er mir – wahrscheinlich mit Unterstützung seines Herausgebers – ein Journalistenrecht verweigerte. Der junge Mann, kaum älter als ich, spielte den schwäbischen Saudi, den arabischen Herrscher, der Frauen dieses und jenes erlaubte und anderes wiederum nicht. Zum Beispiel untersagte er mir – »da bringen Sie mir nur die Männer durcheinander« – am Umbruch teilzunehmen und dabei zu lernen, wie eine Zeitungsseite zusammengebaut wird.

Das war zu jener Zeit eine nicht nur hochinteressante, spannende, ja in der Tat auch fast erotische Angelegenheit – zumindest für ein weibliches Wesen –, weshalb der kleine Lokalseitendiktator ja nicht ganz Unrecht hatte, mich von dieser Phase der Produktion fernzuhalten. Warum wären denn nur die Männer in Gefahr geraten?

Was mir da entging, erfuhr ich später in entschieden größerem Maßstab bei der Stuttgarter Zeitung, wo ich gelegentlich Urlaubsvertretungen übernehmen und auch am Umbruch teilnehmen durfte. Natürlich gab es damals noch keine Bildschirme, geschweige denn irgendeine Art digitaler Produktionsweisen. Vielmehr war alles Handwerk – reines Männerhandwerk. Ausgeübt von der allgemein als besonders intelligent und gebildet angesehenen Kaste der Schriftsetzer. Das waren kernige Burschen mit viel Hirn und Interesse, die sommers nur mit dem Lederschurz vor dem nackten Oberkörper über den Kästen schwitzten, in welche sie die in Blei gegossenen Artikel einpassten – Zeile für Zeile. Musste gekürzt werden, wurde einfach abgehackt, was zu lang war. Im Hintergrund klapperten die Linotype-Maschinen auf ihre unnachahmlich gedämpfte Art und spuckten nicht nur die frischeste Ware, sondern auch diese und jene Korrekturzeile oder das neue Ende für den gekürzten Text in Windeseile aus. Es roch nach Männerschweiß und Druckerschwärze. Herrlich!

Die Metteure, also diejenigen, welche die Seite zusammenfügten, die Zeilen in die Rahmen einpassten und die Überschriften Buchstabe für Buchstabe hinzusetzten, gaben auf der Stelle ihre Kommentare zu den Texten ab, die sie selbstverständlich in Spiegelschrift sofort gelesen hatten. Ich wurde gelobt oder auf Fehler hingewiesen. Wenn alles fertig komponiert, wenn es vom Blei auf Matrizen übertragen war und die Matrizen wiederum auf die riesigen Rollen gespannt waren, brauste die Rotation los und vervielfältigte tausendfach, was – unter anderen – auch ich geschrieben hatte. Es

Träume und Wirklichkeiten

nahm mir den Atem. Mein Saudi wollte mir diese Erfahrung nicht gönnen. Jahre später konnte ich sie nachholen. Aber die Fatwa des kleinen Redakteurs holte mich auf andere Weise doch noch einmal ein. Ich hatte Politik studiert und wollte über Politik schreiben, und selbstverständlich wollte ich in der politischen Redaktion arbeiten, für die ich schon manche Reportage zu Papier gebracht hatte. Aber da war er wieder, dieser Satz, dieses Mal aus dem Mund von Rainer Tross, dem Chefredakteur der Stuttgarter Zeitung. Der schätzte mich zwar, gab mir auch hochinteressante Aufgaben, beauftragte mich sogar damit, eine ganze Serie zu schreiben: »eingekleidete« Interviews aller Personen, die mit der Behandlung der Münchner Geiselnahme vom 4. August 1971 in der Deutschen Bank auf der Münchner Prinzregentenstraße befasst waren. Ich sprach also mit dem damaligen Innenminister Hans-Dietrich Genscher, mit dem innovativen Polizeipräsidenten von Nürnberg und späteren BKA-Chef Horst Herold und mit Manfred Schreiber, dem inzwischen verstorbenen Polizeipräsidenten von München. Das war eine ehrenwerte Arbeit. Die Artikel erschienen auf der Dritten Seite. Aber Mitglied in der politischen Redaktion der Stuttgarter Zeitung zu werden? Unmöglich. Und dann wortwörtlich: »Das geht nicht, da bringen Sie mir nur die Männer durcheinander«.

PRAECEPTOR GERMANIAE

Tübingen, die ehrwürdige Universitätsstadt am Neckar, ein bisschen angerunzelt, eingestaubt, grau und noch nicht so touristengeneigt aufgehübscht wie heute. Aber die Neckarfront mit dem Hölderlinturm leuchtete wie eh und je. Im Seufzerwäldchen gegenüber küsste man sich. Und im Freibad war es viel schöner als im Seminar. Studentenunterkünfte gab es auch in der zweiten Hälfte der fünfziger Jahre zu wenige, obwohl sich nur ein paar tausend Kommilitonen immatrikuliert hatten. Viele wohnten sehr unbequem außerhalb, etwa im sieben Kilometer entfernten Kirchentellinsfurt. Wer eine Bude fand, konnte sich glücklich preisen, selbst wenn es darin weder fließend Wasser noch ein praktisch erreichbares Klo gab. Das Zimmer meines Freundes war so eng, dass man sich zwischen Schrank und Bett durchschlängeln musste. Für urinbedrängte Regennächte tat sich – natürlich nur für den Mann – eine Notlösung über die Dachluke, das einzige Fenster, auf. Ich musste mich ein Stockwerk tiefer in die Wohnung der Wirtin schleichen.

In meinem ersten Semester wohnte ich in einem kahlen und spärlichst möblierten Raum auf dem Frondsberg. Auf der Kommode stand eine Waschschüssel mit dem dazugehörenden Wasserkrug. Die Vermieterin zeigte sich gebührend unfreundlich gegenüber einem so jungen und unerfahrenen Schaf. Es war eine Art Gnade, dass ich bei ihr hatte unterkommen dürfen. Ich fühlte mich einsam, orientierungslos, unsicher und von Verlassenheitsängsten überschwemmt. Ich kannte ja auch kaum jemanden, wusste auch nicht richtig, was studieren, hatte mich, wie geplant, zwar für die neuphilologischen Fächer Anglistik und Romanistik, dazu Geschichte eingeschrieben, hatte aber zunächst kaum eine Ahnung, wie mich die Vorlesungen und Seminare weitertragen sollten.

An einem schönen Donnerstagnachmittag schleppte mich ein Kommilitone in eine Dies-Vorlesung. So benannt nach dem »dies academicus« oder »dies universitatis«, einer Veranstaltung im Rahmen des »studium generale«. Es las Theodor Eschenburg, Professor für Wissenschaftliche Politik, wie das damals hieß, Begründer dieses Faches in Tübingen, Enkel eines Lübecker Senators, Sohn eines Admirals der kaiserlichen Flotte, von Haus aus Historiker, berufen und gefördert durch Carlo Schmid. Es wurde eine Begegnung mit Folgen.

Theodor Eschenburg, einer der Begründer der Politischen Wissenschaften in der Bundesrepublik – ebenso faszinierend wie furchteinflößend.

Das Audimax war rammelvoll. Die Studenten hockten auf den Treppen und Fensterbänken. Ich hatte mich auf eine Fensterbank hochgezogen und ließ die Beine baumeln. Dann warteten wir, bis der Star der Stunde nach dem obligaten akademischen Viertel und manchmal auch ein bisschen später erschien: schlank, hochgewachsen, das dichte Haar in der Mitte gescheitelt, die kurzsichtigen Augen hinter einer braunumrandeten Brille fast verborgen. Aus der Jackentasche schlich sich ein letzter, schon fast erstickter Schnaufer aus seiner ewigen Pfeife, die er vor Eintritt in den Saal versenkt hatte. Danach herrschte erst einmal Stille, der Mann hinter dem Pult ließ das Kinn ein bisschen zittern, riss die Augen unvermittelt auf, schwenkte den rechten Arm zu einer Aufmerksamkeit heischenden Geste durch die stickige Luft des Saales, bevor er reichlich undeutlich, mit einem stets im Untergrund lauernden, zwischendurch kurz ausbrechenden kehligen Lachen von der Bonner Demokratie zu erzählen begann: von den fiktiven Abgeordneten Kasimir Pachulke und Tusnelda Suppengrün, vom sehr realen Kanzler Konrad Adenauer, den der Professor des Öfteren in Bonn besuchte, und von dessen füchsischem Umgang mit Beamten und Ministern, was alles er mit diebischem Vergnügen darzubieten verstand. Wir erfuhren, wie sich Pachulke und Suppengrün in die Fraktionsdisziplin einzufügen lernten; wir begriffen, was überhaupt es mit diesem oft fälschlicherweise so viel geschmähten Instrument auf sich hatte, ohne das der parlamentarische Betrieb gar nicht arbeiten und keine Gesetze hervorbringen könnte. Wir bekamen hochinteressante und höchst lebendige Einblicke in das Funktionieren des neuen Staates Bundesrepublik geboten. Theodor Eschenburg beschrieb das Ineinanderwirken der Institutionen nach dem Text der Verfassung ebenso wie die bisweilen kritikwürdigen Ausprägungen in der Verfassungswirklichkeit. Und das alles so überaus anschaulich, gewürzt mit herrlich bissigem Humor und einer Fülle von Anekdoten, vorgetragen und als großes Drama, dargestellt von diesem langen Norddeutschen mit seinen knöchernen, weißen Händen vor den damals noch dunkel getäfelten Wänden des Audimax. Er war der Star einer großen und amüsanten Show. Dabei sprach er oft undeutlich, nuschelte sogar. Doch nicht zuletzt die versammelten Unzulänglichkeiten seiner Person bei höchster Schärfe der Gedanken und Analysen machten den Charme seiner Auftritte aus und halfen, seine Botschaft von den Umständen und Missständen der demokratischen Institutionen zu transportieren. Theodor Eschenburg war ein Original und ein charismatischer Lehrer dazu. Ich war begeistert. Zu ihm musste ich hin. Und zwar nicht nur am Donnerstagnachmittag in den großen Hörsaal, sondern ins Seminar. Er sollte mein Doktorvater sein.

Das Seminar für Wissenschaftliche Politik, wie ein Schild am Eingang dieses Arkanum auswies, war in einem Haus aus den zwanziger oder dreißiger Jahren untergebracht. Brunnenstraße 30, ein Ort mit magischer Ausstrahlung. Schon am Eingang umfing einen der Tabakduft aus des großen Meisters Pfeife oder von den Zigarren, die er alternativ paffte. Rauchumwölkt, kaum noch sichtbar hinter den Schwaden, residierte er dort in seinem Arbeitszimmer, wohlbehütet und umsorgt von dem etwas altjüngferlichen Fräulein Otto, die als Einzige seine Schrift lesen konnte. Wenn er ihr diktierte, so tat er dies – wie bei den Vorlesungen im Hörsaal – unter dem Einsatz ausgreifender Armbewegungen, dramatischer Mimiken und mit bisweilen weit aufgerissenen Augen, als ob er auch in dem vergleichsweise kleinen Arbeitszimmer ein großes Publikum vor sich hätte. So klar es dabei in seinem Kopf zuging, so unbegreiflich unordentlich sah es auf seinem Schreibtisch aus. Briefe, Manuskripte, Bücher schoben sich wild durcheinander. Irgendwo am Rand fanden eine Kanne mit kalt gewordenem Tee und die dazugehörende Tasse mit den ewigen Schlieren an ihrer Innenseite gerade noch ein freies Plätzchen. Ein Stillleben, sollte man denken. Und dies umso mehr, als der große Meister auch immer wieder mal mitten in einem Gespräch zu einem Sekundenschlaf abtauchen konnte. Doch wehe, wenn alle seine Geister erwachten.

In einem solchen Zustand hatte man ihn schon einmal im Audimax erlebt, als drei Studenten – offenbar nach einer Mensur – mit verbundenen Köpfen in seiner Vorlesung erschienen. Das begriff er offenkundig als Affront. Wie ein Wahnsinniger stürmte er hinaus, über die Hintertreppe hinauf und wieder herein zur letzten Bankreihe im Saal, wo die Kerle sich platziert hatten, und setzte sie vor der Tür. Die Szene gehört zum Schatz der Eschenburg-Legenden. Welcher Professor bot uns braven Studenten schon eine derart abwechslungsreiche Vorstellung? Welcher andere Lehrer hatte einen derart ausufernden Charakter? Bei Theodor Eschenburg schlief außer ihm selbst niemand ein.

Was im Hörsaal alle nicht direkt Betroffenen erheitern mochte, geriet im Institut zu so etwas wie einer gefühlten Bedrohung, der man jederzeit ausgesetzt sein konnte. Nicht nur der Pfeifen- und Zigarrenrauch drang durch die geschlossenen Türen des Hauses. Hinter seinem Schreibtischchaos erschien er mir wie ein großer schwarzer Vogel mit immer wieder zornglühenden Augen und flatternden Schwingen, welche seine unbegrenzte Macht in unsichtbaren Wellen noch bis in den letzten Winkel des Gebäudes trugen. Mir schlotterten die Knie, wenn ich bei ihm vorsprechen musste. Das Herz schlug mir bis zum Hals. Ich fühlte mich unwissender und unsicherer, als ich ohnedies war. Es hatte ja noch nicht 1968 geschlagen, und so ein Ordinarius war damals allmächtig. Er konnte einen jungen Menschen in den Himmel heben oder der akademischen Verdammnis anheimfallen lassen. Genau dies ist mir später just an diesem Ort widerfahren. Doch erst einmal sog ich alles, wenn auch furchtsam, so doch begeistert in mir auf: das Faszinosum dieses Mannes, seine Sicht auf die Politik und den Betrieb der blutjungen Wissenschaft, in den man sich ohne große Formalien einklinken konnte. Etwa in die Seminar-Abende in der Brunnenstraße 30, in einem kleinen Raum, wo man – etwa zu 15 Personen – um einen rechteckigen Tisch saß und wartete, bis der große Meister mit seinem Gefolge erschien, mit den Assistenten, die im Gänsemarsch hinter ihm hereintrabten und sich allesamt ungemein wichtig vorkamen: vorneweg Ruth Friedel, eine vollbusige dunkelhaarige Schönheit, die sich gewaltig aufplustern konnte, aber deren Qualifikation wohl vor allem darin bestand, dass sie Eschenburg gefiel. Bevor sie aus den Gefilden der politischen Wissenschaft für immer verschwand, heiratete sie noch schnell einen Herrn Knaak und schrieb unter dem Pseudonym Draginija Dorpat ein für damalige Verhältnisse unzüchtiges Buch mit dem bezeichnenden Titel »Ellenbogenspiele«. Eschenburg will es, so erzählte er mir, auf einer Fahrt nach Bonn zerrissen und aus dem Fenster des Zugs geworfen haben.

Zum Gänsemarschtross vor Seminarbeginn gehörten auch zwei männliche Hilfskräfte: Gerhard Lehmbruch, ein etwas undurchsichtiger, aus Königsberg stammender Pfarrersohn, dem man bis auf den heutigen Tag anhört, wo er herstammt. Er vor allen anderen unter Eschenburgs Schülern brachte später eine sehr beachtete akademische Laufbahn hinter sich und stieg zu Ordinarienwürden auf: in Tübingen, gleichsam als Nachfolger Eschenburgs, danach an der jungen Uni in Konstanz. Vorher, zu beider Assistentenzeiten, sah man stets den gefälligeren, aber weniger hellen Peter Seibt an seiner Seite, einen rothaarigen, sommersprossigen Sachsen, an dem mir bei jeder Begegnung die ungewöhnlich karpfenartige Mundpartie auffiel. An der Uni Bremen kam er schließlich unter als Professor für Politische Wissenschaft. Sein Glück währte jedoch nicht lange. Irgendwann rannte er versehentlich in ein Auto. Das Internet hält nicht einmal einen Wikipedia-Eintrag von ihm vor. Damals aber war er zumindest in Tübingen doch eine Nummer, schrieb in der Studentenzeitung »Notizen« eine Kolumne unter dem nicht sehr einfallsreichen Titel »Peter Seibt zur politischen Lage«. Diese beiden, der rothaarige Seibt und der schwarzhaarige Lehmbruch, schienen eine Zeit lang unzertrennlich. Mir kam es so vor, als träten sie nur als Duo auf, sich gegenseitig verstärkend, Castor und Pollux des politischen Instituts, eine Art Bedeutungsbarriere errichtend, an der man nur schwer vorbeikam. Beta-Tiere mit Alphagehabe. Da der große schwarze Vogel in der Räucherkammer seine Fittiche nicht über jedem kleinen Studenten oder jeder kleinen Studentin ausbreiten wollte, sondern sich am liebsten um seine eigenen Vorhaben kümmerte – seine Schriften, seine Vorlesungen, seine Zeit-Kolumne, seine Reisen –, fiel ihnen mehr Macht in die Hände, als ihnen zukam. Um die eigene Rolle hervorzuheben, mussten andere noch kleiner gemacht werden, als sie waren. So wurde eine Kommilitonin von der Arbeit an einer Dissertation zur Verfasserin einer Magisterarbeit herabgestuft. Auch ein griechischer Kollege kämpfte hart gegen Lehmbruchs Votum, um schließlich doch noch zu promovieren. Der große schwarze Vogel, der Alte Uhu, wie wir ihn wegen seines Aussehens nannten, ließ ihn gewähren. Davon bekam später auch ich meinen Teil ab.

An den Seminarabenden selbst spielten die Herren Assistenten jedoch keine große Rolle. Mit dem Gänsemarsch war ihr Auftritt auch schon beendet. Jetzt beherrschte Eschenburg das Feld, dozierte über die Analyse des schweizerischen Verfassungsrechts aus der Feder von Johann Caspar Bluntschli, wovon ich keine Ahnung hatte. Ich fand es aber sehr aufregend und fühlte mich aufgefordert, mich in der Bibliothek des Seminars zu vergraben und erst einmal Theodor Eschenburgs Standardwerk »Staat und Gesellschaft in Deutschland« durchzuackern. Noch aufregender gestalteten sich seine Seminarabende, wenn Besucher kamen. Ich erinnere mich da an eine Sitzung mit Hannah Ahrendt, während der mir unablässig die Augen tränten und schließlich die Luft ausging.

Die Philosophin saß neben dem Herrn und Meister. Sie trug ein türkisfarbenes Kostüm und behielt den lieben Abend lang ihr gleichfarbenes, mit einem Schleier verziertes Hütchen auf dem Kopf. Währenddessen rauchte sie unablässig Zigaretten. Der Alte Uhu hielt mit Pfeife und Zigarre dagegen. Es war ein Turnier der Tabake als Begleitung eines Wettkampfs der Worte. Die flogen nur so hin und her. Wir hörten viel, sahen aber bald kaum noch etwas. Es war, als bildete der Rauch, den die beiden produzierten, einen Kokon, der sie umschloss, der sie unseren Blicken und unserem Verständnis entzog – ein Paar im Geiste, das seine Talente vor uns ausbreitete. Nie hätte ich gewagt, eine Frage zu stellen. Auch war Hannah Arendts Buch über »Eichmann in Jerusalem« und die Banalität des Bösen noch nicht erschienen. Vielleicht hätte ich dann doch, auf dem Hintergrund meiner deutsch-jüdischen Familiengeschichte, den Finger gehoben.

Till Eulenspiegel
im Audimax

E ines Tages saß ich wieder einmal mit baumelnden Beinen
während Eschenburgs Dies-Vorlesung auf der Fensterbank.
Ein kräftiger Mann, ein im wahrsten Sinn des Wortes schon
älteres Semester, mit grauer, pockennarbiger Raucherhaut und viel
zu großer Nase, nicht gerade ein Adonis, musste mich beobachtet haben. Als ich heruntersprang, kam er auf mich zu und sprach
mich in einwandfreiem Deutsch, mit einem kaum wahrnehmbaren,
nicht identifizierbaren Akzent, ziemlich grob und ohne alle höfli-
che Verzierungen an: »Ich finde Sie sehr interessant.« »Ich mich
auch«, gab ich zurück. Es war der Auftakt zu einer höchst amüsanten Freundschaft – und zu einem doppelten Verhängnis.

Dieser kecke Mensch war elf Jahre älter als ich. Er hieß Johannes Agnoli – ursprünglich natürlich Giovanni Agnoli –, verfügte
über einen funkelnden Intellekt und nahm mich sofort für sich
ein. Ein paar Jahre später, inzwischen Politikprofessor am Otto-
Suhr-Institut, avancierte er zu einem der Chefideologen, ja geradezu einer Ikone der Achtundsechzigerbewegung. Er zählte zu den
Gründungsvätern des Republikanischen Clubs in Berlin, brachte,
zusammen mit Peter Brückner, eine eigentlich unleserliche Streitschrift über die »Transformation der Demokratie« zu Papier. Es ist
also noch etwas aus ihm geworden – wenn auch nicht unbedingt im
Sinne der Bürgerlichkeit jener Zeit.

Damals aber, am Ende der fünfziger Jahre in Tübingen, war er
so etwas wie ein akademischer Outlaw. Er wohnte in einem Gartenhaus an der Neckarhalde 33, lebte von Nachhilfestunden in Latein
für die Kinder ehrgeiziger Tübinger Familien, bei denen er auch
gelegentlich zum Mittagessen eingeladen wurde, und schrieb zusammen mit Theodor Eschenburg ein Stück über Tocqueville, oder
schrieb es für ihn, was sich nie so genau klären ließ, worüber es
auch Streit gab.

Theodor Eschenburg bei seiner Vorlesung am »dies universitatis« im stets brechend vollen Auditorium Maximum der Tübinger Universität.

Kaum hatten wir uns an jenem denkwürdigen Donnerstag kennen gelernt, erzählte er mir auch von seinem bis dahin in jeder Hinsicht abenteuerlichen Lebensweg, der in einem großbürgerlichen Elternhaus im Valle di Cadore in den Dolomiten begonnen hatte. Seine Begeisterung für die Faschisten führte ihn zum freiwilligen Dienst in den Krieg und schließlich in ein englisches Gefangenenlager in Ägypten. Nach dem Krieg landete er als Hilfsarbeiter in einem Sägewerk in Urach, nahm dann ein schon in Italien begonnenes Studium der Philosophie in Tübingen wieder auf und promovierte zum Doktor phil. Doch mit seinem ersten Doktorvater Eduard Spranger hatte er sich überworfen und brachte das Studium dann mit einer Arbeit über Vico bei Professor Metzke »magna cum laude« zu Ende. Mit Eschenburg war er wegen der Autorenschaft des Tocqueville-Stückes über Kreuz geraten. Johannes Agnoli war eben völlig unangepasst. Auf mich aber gewann er großen Einfluss. Als Mann war er zwar nicht mein Typ, zu alt, zu hässlich, mit einem von der Gefangenschaft und vom Rauchen völlig zerrütteten Gebiss. Zumindest nach meinem Empfinden passte die Körperchemie nicht zusammen. Wir waren eng befreundet. Aber dabei blieb es dann auch.

Till Eulenspiegel im Audimax

Mich amüsierten sein Esprit, seine unkonventionelle Art, seine Frechheit und sein Witz. Ich bewunderte seine hohe Intelligenz und sein exzellentes Deutsch, das er – so erzählte er zumindest – über die Lektüre von Hegels »Phänomenologie des Geistes« gelernt hatte. Er war ja tatsächlich unendlich gebildet, aber auch ein Satyr, ein Till Eulenspiegel, ein ewiger Revoluzzer und ein Kindskopf, der nichts und niemanden richtig ernst nehmen konnte – wahrscheinlich nicht einmal sich selbst. Unablässig rauchte er schwarze, selbst gedrehte Zigaretten. Ab und zu betrank er sich fürchterlich. Nie hatte er Geld, konnte aber ein einfaches, kultiviertes italienisches Menü in seinem Gartenhaus am Neckar servieren, das er aus billigen Tengelmann-Einkäufen bestückt und vorzüglich zubereitet hatte. Johannes Agnoli wurde mein geistiger Mentor. Einen Ungeeigneteren hätte ich nicht finden können.

Im Gegensatz zu ihm hatte ich keinerlei politische Erfahrung, keinen gesicherten Standort, keine ausgereifte Urteils- und Kritikfähigkeit. Ich konnte nicht wirklich dagegenhalten. Einst eine sehr gute Schülerin, die ohne Mühe bis zu einem Abitur mit Auszeichnung gelangt war, fand ich auf der Universität keinen klaren Weg. Mein Ziel, nachdem ich eine Karriere als Soubrette à la Marika Rökk endgültig ad acta gelegt hatte, war nicht das Examen für das Höhere Lehramt, ich wollte promovieren und Journalistin werden. Da es mir außerordentlich leichtfiel, Sprachen zu lernen, sah ich mich doch schon als Auslandskorrespondentin in Paris. Als ich in meiner Freundesclique von diesem Vorhaben erzählte, bedachte mich unser Alpha-Mann, ein geborener Lehrer, dazu äußerst scharfsinnig und bis heute ein guter Freund, klar und schwäbisch mit dem Urteil: »Des schaffsch du nie.« Vielen Dank, lieber Erich. Mag sein, dass er sich nur aufspielen wollte. Ich habe ihm alsbald verziehen, habe die Gemeinheit auch nicht so ernst genommen – und sie trotzdem nie vergessen. Es lag am Geist der Zeit, dass man von Frauenkarrieren nicht viel hielt und ehrgeizige junge Mädchen demütigte, wo es nur ging. Immerhin reichte mein Selbstbewusstsein aus, mich auf das Naheliegende zu konzentrieren und erst einmal, als Voraussetzung für die geplante Promotion, das Große Latinum zu machen.

Anlaufstelle für diesen Zweck war der häufig frequentierte Herr Veesenmeyer mit seinem Ruf als unerbittlicher Universitätspauker. Die meisten Kandidaten brachte er durch. Zur Prüfung schrieb man sich dann bei den »Armen Schulschwestern von Unserer Lieben Frau zu München am Anger« ein, weil die schon von ihrer Berufung her gnädig waren. Ich bestand mit der Note »befriedigend«.

Der Tagesablauf vor diesem Examen, im Sommer 1957, sah folgendermaßen aus: aufstehen, etwa um acht Uhr, ins Freibad radeln, schwimmen, Frühstück im Clubhaus, gegenüber der Neuen Aula in der Wilhelmstraße, Mitte der fünfziger Jahre neu erbaut und zentraler studentischer Treffpunkt. Zwei belegte Brötchen mit Wurst und viel Senf, dazu Kaffee, anschließend ein bisschen Tischtennis mit den attraktiven und verdammt gut spielenden jungen Männern, die nach der ungarischen Revolution aus Budapest zu uns zum Studieren gekommen waren, danach Latein pauken und gegenseitiges Abhören von Vokabeln mit dem attraktiven Kommilitonen Volker Schäfer, der ähnlich orientierungslos schwamm wie ich, aber später eine Karriere als Direktor des Tübinger Universitätsarchivs aufs Parkett legte. Zur Entspannung oder besser: zum Austoben dann jeden Abend in die »Neckarmüllerei«, einen Keller mit Musicbox, in dem man für zehn oder zwanzig Pfennig seinen Lieblingsrock geliefert bekam, bis zum Umfallen tanzen und auch die Jungs ohne Scheu selbst auffordern konnte. Das tat richtig gut nach dem gesitteten Tanzstundenleben in den Zeiten davor. Mein Vater aber schrieb einen Brief, ich solle bitte endlich an den Abschluss meines Studiums denken.

Das nahm ich mir dann auch vor und suchte ein Thema für die Promotion. Johannes Agnoli beglückte mich mit dem Vorschlag, über Rosa Luxemburgs politische Theorie zu schreiben. Da gäbe es noch nichts, ich solle das doch aufgreifen und systematisieren. Ich fand das Vorhaben angemessen schwierig für mich. Außerdem war es die Zeit der Marxismus-Wiederbelebung. Das Achtundsechzigerbeben kündigte sich gleichsam mit ersten, unterirdischen Ausschlägen an. Ganze Schulklassen fuhren zum Abschluss der Gymnasialzeit nach Berlin zu den sogenannten Diamat-Seminaren – Schulungen zum Thema des Dialektischen Materialismus. Im Schlepptau Agnolis war ich auch einmal mit von der Partie – fand alles ungemein wichtig, ohne dass es mir so richtig einleuchtete. Gleichwohl fuhren wir nach Ost-Berlin und kauften in einer Buchhandlung auf dem Alexanderplatz eine Menge Bücher aus dem Aufbau-Verlag, die ich niemals gelesen habe. Aber zwei hübsche, leinengebundene Bändchen, das eine mit Goethes Römischer Elegie, das andere mit seinem »Tagebuch«, beides hinreißend illustriert von Max Schwimmer, sind mir von diesem Irrsinns-Ausflug geblieben und schmücken bis heute mein Bücherregal.

Was für eine Zeit! Und das nur zwanzig Jahre nach dem Ende des Krieges! Nach dem Niedergang einer todbringenden deutschen Ideologie. Jetzt ging's schon wieder ideologisch zu. Unrettbar. Iring Fetscher schrieb sein durchaus interessantes Erfolgsbüchlein »Von Marx zur Sowjetideologie«. Warum also sollte ich mich nicht mit Rosa Luxemburg befassen? Natürlich sollte ich das nicht. Die ermordete Revolutionärin war doch absolut kein Thema für eine Promotion bei Theodor Eschenburg, dem bürgerlich-liberalen Institutionen-Papst. Eine unglaubliche Kateridee also von Agnoli, mich auf ein rein theoretisches Thema anzusetzen, und auch von mir: mich ansetzen zu lassen. Aber der Zeitgeist ist ein gefährlicher Geselle. Er hatte mich bezirzt. Hinzu kam meine Bewunderung für Johannes Agnolis außerordentliche Intelligenz. Und also begab ich mich wieder einmal mit zitternden Knien und nach Luft schnappend in Eschenburgs Tabakshöhle, schlug ihm das Abenteuer mit Rosa Luxemburg vor und zeigte ihm zur Anregung ein paar Aufsätze, die ich verfasst hatte. Kaum konnte er sie lesen und kaum konnte ich ihn sehen, so dick war der Dunst vor unseren Augen. Und dass er mich als Person so richtig wahrnahm, erwies sich erst recht als völlig ausgeschlossen. Sonst hätte er mich doch umgestimmt, hätte mir irgendein anderes Thema angeboten. Stattdessen sagte er nur, mich doch tatsächlich duzend: »Schreiben kannst du ja, aber wozu willst du promovieren? Nachher schälst du doch deinem Mann die Tomaten.« (sic) Dann schlug der große schwarze Vogel schon ungeduldig mit den Flügeln und mit seinen klugen Eulenaugen blickte er glatt durch mich hindurch. Er übersah meine Ernsthaftigkeit, er übersah meinen brennenden Ehrgeiz, er übersah, dass ich mit allen meinen Kräften in dem Leben, das vor mir lag, auf irgendeiner Bühne stehen und keineswegs als Hausmütterchen einem Gatten entweder Tomaten oder Kartoffeln schälen wollte.

Ich war gedemütigt worden, so wie es damals üblich war, junge Frauen herabzusetzen. Der Satz »du heiratest ja doch« begleitete meine Geschlechtsgenossinnen durch die ganze Jugend. In meinem Elternhaus galt er nicht. Also verließ ich doch ziemlich ungebrochen das Grausamkeits-Kabinett des Alten Uhu und begann mich einzulesen: Karl Kautsky, den Fundamentalisten, und Eduard Bernstein, den Reformer, dazu sehr viel Marx, vor allem die Frühschriften, und immer wieder Rosa Luxemburg. Dabei entstand zweierlei: ein gewaltiger Zettelkasten und ein verwaschenes Weltbild. Letzteres veranlasste meine Mutter, die Ehefrau eines mittelständischen Unternehmers, zu der Äußerung: »Nur die allergrößten Kälber wählen ihre Schlächter selber.« Ja, ich dachte – wenn man das als Denken bezeichnen will – sehr links oder zeitweise sogar absolut utopisch. Ein Modell von Staat und Gesellschaft ging mir bisweilen durch den Kopf, in dem gewählte Räte auf der politischen und wirtschaftlichen Ebene einander entsprechen und für wahrhaft demokratische Verhältnisse sorgen sollten. Es war die reine Luxemburg-Lehre und mit Blick auf den Alltag der frühen sechziger Jahre der pure politische Schwachsinn. Mit der Wirklichkeit hatte dieses Modell nicht das Allergeringste zu tun. Es war ja auch etwas Fernes, hing irgendwie in den Wolken und begnügte sich mit seiner inneren Logik. So funktionieren Ideologien. Sie sind sich selbst genug. Für mich war es ein jugendliches Gedankenspiel. Ob ich selbst sehr ernsthaft daran glaubte? Ich denke eher nicht. Aber es ließ sich mit andersdenkenden Älteren trefflich streiten auf dieser Grundlage.

Ein Glück, dass ich gleichzeitig Eschenburgs Bücher und Aufsätze las. Auch hatte ich ja das Dritte Reich erlebt – wenngleich als Kind. Die Bundesrepublik Deutschland mit dem Bonner Grundgesetz, mit dem Rechtsstaat, mit der Sicherheit vor polizeilicher Willkür, war für mich letzten Endes doch die einzig rettende Antwort auf die Schrecken der Vergangenheit. Und so begann die Utopie bald zu weichen. Die Realität geriet in mein Blickfeld. In meinem tatsächlichen Leben war sie ohnedies ganz selbstverständlich zu Hause. Auch Johannes Agnoli spöttelte immer wieder, dass in meinem Kopf zwar linkes Zeug herumspuke, ich aber doch im Grunde sehr, sehr bürgerlich sei.

Und weil ich tatsächlich so brav und so bürgerlich war, setzte ich mich auf meinen Hosenboden und schrieb 350 Seiten über Rosa Luxemburgs politische Theorie. Ich ordnete ihre Gedanken und ließ mich hinreißen von ihrer Sprache und auch von ihrer kritischen Analyse des Bolschewismus. Ihr berühmter Satz, Freiheit sei immer nur die Freiheit des Andersdenkenden, hatte für mich eine allgemeine Gültigkeit und war nicht nur auf die Auseinandersetzung im sozialistisch-sozialdemokratischen Kosmos gemünzt, wie Heinrich August Winkler heute behauptet. Sie hat doch das Totalitäre an Lenin und den Bolschewisten richtig erkannt. Und sie hat auch die Gefahren der »Appeasement«-Politik der deutschen Sozialdemokratie nach dem Ersten Weltkrieg gegenüber den militärischen Mächten des alten Reiches richtig gesehen. Aber natürlich war sie zu alledem in ihrer Ideologie gefangen. Eine Dichterin war sie trotzdem auch. Jüdisch zudem, wie meine Mutter und ihre Vorfahren.

Überhaupt die Texte der deutsch schreibenden genialen Juden: Sie verursachten mir beim Lesen nachgerade Herzklopfen – weniger wegen der Inhalte, mehr wegen ihrer literarischen Qualität. Ich verschlang sämtliche bei Fischer erschienenen Bändchen von Sigmund Freud, ich bewunderte die Präzision und journalistische Ausdrucksfähigkeit von Karl Marx, ich vermochte gar nicht zu fassen, wie die 1871 in Zamosc, im russischen Polen geborene Rosa Luxemburg ein so wunderbares Deutsch schreiben konnte. Und was für ein Leben, was für eine Frau: aus jüdischem Hause, klein, hinkend wegen eines Hüftleidens, aber hübsch und vor allem scharfsinnig. Dazu gleichermaßen literarisch und rhetorisch begabt. In Zürich, wo allein zu ihrer Zeit Frauen studieren durften, hatte sie mit einer staatsrechtlichen Arbeit und der Note summa cum laude ihren Doktor erworben. Diese winzige Person konnte Versammlungen begeistern und lyrische Texte verfassen. Mit ihrer Begeisterung für die Massen, von denen sie das sozialistische Heil erhoffte, war sie sehr modern – ohne die Gefahren dieses Phänomens der Zeit zu erkennen. Sie hätte sich gewiss mächtig gewundert, wie Adolf Hitler mit Hilfe dieses Instrument sein barbarisches Regime absicherte. Aber das hat sie nicht mehr erlebt. In den Wirren des Januar 1919 wurde sie von rechten Schlägertrupps ermordet. Ihr Leichnam wurde in den Landwehrkanal geworfen. Erst Monate später fand man ihn. Natürlich war ich beeindruckt. Etwas mehr Abstand hätte meiner Dissertation gewiss gutgetan.

Es war mein erstes Buch. Daran zu arbeiten habe ich eisern durchgehalten. Jeden Morgen spätestens um neun Uhr saß ich am Schreibtisch, egal ob in Tübingen, ob in den Semesterferien zu Hause bei den Eltern oder später bei der Schwiegermutter in Weilheim an der Teck. Kein Mensch stand mir zur Seite. Leider. Vielleicht wäre ich mit einiger Unterstützung erfolgreicher gewesen. Ich hielt mich jedoch für sehr kompetent und hackte meine Erkenntnisse mit Leidenschaft in die Olympia, die mich, zusammen mit dem Zettelkasten, überallhin begleitete.

Es dauerte etwa zwei Jahre, bis das Werk vollendet war, zwei Jahre, in denen ich lernte, konzentriert zu arbeiten, an einer Sache dranzubleiben und sie auch zu Ende zu bringen. Das, vor allem anderen, war der bleibende Gewinn dieser Zeit, obwohl ich mit der Arbeit erst einmal scheiterte, nicht zuletzt, weil pünktlich zur Fertigstellung meiner Dissertation ein Standardwerk von Peter Nettl über Rosa Luxemburg erschien, mir das Thema also vor der Nase wegschnappte, bevor ich mich an ein paar Korrekturen machen konnte. Um den ganzen Text neu aufzubauen und Nettls Erkenntnisse einzuarbeiten, fehlte mir die Zeit. Denn inzwischen war ich verheiratet und Mutter eines kleinen Mädchens, um das ich mich durchaus mit Wonne kümmerte. Und natürlich gab es in unserem Vorort keine Kita, der ich das Kind, wenigstens für ein paar Stunden am Tag, hätte anvertrauen können.

Auch nach dem Studium riss der Kontakt zu Theodor Eschenburg nie ab. Mal lud er mich zum Abendessen ein, mal bat ich ihn zum Interview über ein aktuelles politisches Thema. Er war einsam geworden und ließ sich von seiner zweiten, alkoholsüchtigen Frau auf groteske Art und Weise tyrannisieren. Je älter er wurde – und er wurde 95 Jahre, also sehr alt –, desto öfter rief er bei mir an. Ein skurriler, ein immer noch origineller alter Mann, der mir – neben anderem – von den Mäusen berichtete, die durch seine Parterre-Wohnung tobten. Bisweilen fuhr ich nach Tübingen, holte ihn in seinem Büro ab, in das er immer noch Tag für Tag fuhr, das aber längst nicht mehr in der Brunnenstraße, sondern in der Melanchthonstraße untergebracht war. Vor der Türe, um aufzuschließen, fingerte er allemal einen riesigen Schlüsselbund aus der Hosentasche, suchte lange und zitternd, aber immer mit Erfolg nach dem, der passte. Anschließend gingen wir ins Restaurant »Museum« zum Mittagessen. Kein leichtes Unterfangen, zumal ich den inzwischen schwer Beweglichen mit seinen langen, hageren und steifen Haxen nur unter größten Mühen in meinem Auto verstauen und auch wieder herauswerkeln konnte. Es dauerte also, bis wir an seinem Stammplatz saßen, in einer gemütlichen Ecke, an deren Wand – unter anderen Aufnahmen – auch sein Foto hing. Und immer bestellte er, ein Freund der schwäbischen Küche, sich dort Gaisburger Marsch, ein Gericht, das in der Landessprache auch zutreffend Kartoffelschnitz-mit-Spätzle heißt. Schließlich und unausweichlich waren dann im Gespräch die Weimarer Republik und »Groener« an der Reihe, Wilhelm Groener, der Reichswehrminister von 1928 bis 1932, den Eschenburg verehrte. Ganz gewiss, weil Groener es gewagt hatte, die SA zu verbieten, mehr noch vielleicht, weil er ein Schwabe war. Denn Eschenburg, der Enkelsohn eines Lübecker Senators, dessen lübsche Großmutter so schreckliche Milchsuppen kochte, genoss die schwäbische Lebensart – nicht zuletzt wegen ihrer hervorragenden Küche mit dem Kalbsnierenbraten und den Viertele, die er allerdings immer trinken und niemals »schlotzen« würde, wie er gern bekannte und auch vorführte. Gelegentlich erzählte er sogar schwäbische Witze, darunter vor allem die Tübinger Gogenwitze. Auch seine erste Frau, Mutter seiner vier Töchter, war ja Schwäbin. Und dann eben Groener. Wenn er von dem Mann schwärmte, schaute er irgendwo hinauf in ferne Gegenden, fuhr mit der knochigen Rechten bedeutungsschwer ausgreifend durch die Restaurant-Luft, gerade so als ob er nicht im Gasthaus »Museum« säße, sondern immer noch im Audimax stünde, umweht vom Atem seiner großen Zeit. Doch die war längst vorbei.

Inzwischen freilich waren wir alle nicht mehr jung und der Eulenmann sogar sehr alt. Er stand für ein Stück meiner Jugend, für eine prägende und aufregende Zeit, für die Begeisterung über einen faszinierenden Lehrer, der weit über den Tellerrand der Tübinger Alma Mater hinaus zu schauen und zu publizieren pflegte und der die Republik darüber aufklärte, wie die Spielregeln der jungen Demokratie einzuhalten seien, ob das allenthalben wirklich geschah und wo nicht. Ganz im Gegensatz zu dem von uns Jungen ungeliebten Bundeskanzler Adenauer, den wir so schnell wie möglich in der politischen Versenkung sehen wollten, personifizierte Theodor Eschenburg das Wunder Bundesrepublik nach all dem Furchtbaren, das hinter uns lag, das ich ja auch als Kind und in der eigenen Familie erlebt hatte.

Nicht nur das hohe Alter des 1904 Geborenen und seine Emeritierung hatten Theodor Eschenburg um einen Teil seiner Bedeutung gebracht. Der Sturm von 1968 und der Jahre, die folgten, tat ein Übriges. Er hatte keine Chance, gehörte er doch unzweifelhaft zu jenen Professoren, denen man den Muff aus den Talaren pusten musste. Ein Mann des Systems. Ein allzu mächtiger Ordinarius, der sich mit seinen Wutausbrüchen nicht im Griff hatte. Da zählte es nicht allzu viel, dass er als Rektor der Alma Mater Tubingensis den sehr linken Philosophen Ernst Bloch nach Tübingen geholt hatte, um ihn vor der kommunistischen Willkür in der DDR zu schützen.

Die Studentenrevolte drängte die Lehre von den Spielregeln der Institutionen im Betrieb der Politischen Wissenschaft in den Hintergrund, obwohl deren Einhaltung allein Recht und Freiheit sichern und den Missbrauch der Macht verhindern. Nicht mehr Eschenburgs Name hatte den alles übertönenden Klang. Jetzt standen Oskar Negt und Wolfgang Abendroth im Vordergrund, die Frankfurter Schule oder Herbert Marcuse. Nach Nüchternheit und segensreichem Pragmatismus war unverhofft ein neues Zeitalter der Ideologie angebrochen. Mir erschien das ganz unbegreiflich. Nach allem, was geschehen war, nach dem Niedergang der Weimarer Republik und der Machtergreifung der Nazis, die sofort sämtliche, die Freiheit bewahrenden Institutionen und Organisationen gleichgeschaltet und ihrer Barbarei unterworfen hatten, konnte dieses wundersame und im Bonner Grundgesetz juristisch etablierte, aufs Feinste behauene Gefüge doch nicht schon wieder in Misskredit geraten wie weiland in Weimar das sogenannte System. Seine Regeln waren doch an jenem Versagen gemessen und zur Verhinderung vergleichbarer Entwicklungen ausgedacht worden. Diese jüngeren, aufs Theoretische fixierten Leute konnten doch nicht ernsthaft glauben, dass der ganze demokratische Apparat nur zur Verschleierung der Herrschaft des Kapitals diente. Aber genau das taten sie. Und natürlich übersahen sie auch, dass der Institutionenpapst Eschenburg, zum Beispiel mit seiner kleinen Streitschrift »Herrschaft der Verbände?«, die Schwächen und Gefahren der Bonner Politik keineswegs ausblendete. Von ihm stammten so bezeichnende und entlarvende Begriffe wie der des »Gefälligkeitsstaates«. Er kritisierte die »Ämterpatronage« der Parteien und diagnostizierte die »Kanzlerdemokratie«. Alles so ungemein pragmatisch und zutreffend gedacht, das Gefüge der Demokratie ausleuchtend, dem Bürger, dem Wähler Einblicke und Einsichten möglich machend, anschaulich und witzig formuliert. Ein äußerst einfallsreicher Lehrer der Demokratie. Seine Kritiker interessierte es nicht. Der Mann war von gestern. Und das blieb er auch.

Am Ende nahm ihm die Mafia des Mittelmaßes, die in der Deutschen Vereinigung für Politische Wissenschaft (DVPW) die Macht ergriffen hatte, auch noch die Ehre. Der Vorwurf: Er sei über den Verband der Knopf- und Schnallenindustriellen, wo er im Dritten Reich als Geschäftsführer Unterschlupf gefunden hatte, an Arisierungsverfahren beteiligt gewesen. Ein maßgeblicher Einfluss wurde ihm nicht nachgewiesen, auch kein Antisemitismus. Im Gegenteil: Eschenburg war mit vielen Juden aufs engste befreundet. Mit einem Juden teilte er sich anfangs auch die Geschäftsführung seines Büros. Um den Nachstellungen eines fanatischen Nazis in der Umgebung seines Arbeitsplatzes zu entgehen, trat er vorübergehend in die Motor-SS ein, auch bald wieder aus, woraus er uns Schülern gegenüber nie ein Geheimnis gemacht hat.

Treibende Kraft der Anklage gegen den einstmals als »Wächter der Verfassung« Gefeierten ist ein bis dahin unbekannter Professor namens Eisfeld aus Osnabrück. Er ist einen üblichen Weg gegangen, um wenigstens vorübergehend in die Medien zu gelangen: einen Größeren anstänkern, einen, der schon einen Namen hat. Auf der Welle dieser unvermuteten Kritik schwimmt man dann mit. Viele Prominente wie Hans Küng, wie Iring Fetscher, wie der Politologe Jürgen Falter, wie auch der sehr linke Ekkehart Krippendorf, dessen Name mit dem Ausbruch der Studentenrevolte in Berlin eng verknüpft war und dem Eschenburg trotz allem zur Habilitation verholfen hatte, hielten dagegen. Es brachte nichts. Auch nicht, dass er an der Gründung des Landes Baden-Württemberg entscheidenden Anteil gehabt hatte. Der Alte Uhu war und blieb in Acht und Bann. Am Ende der Geschichte – anno 2013 – schaffte der Verband posthum sogar den Preis ab, der Eschenburgs Namen trug und den just diese Leute selbst ins Leben gerufen hatten. Zuvor polemisierte Claus Offe, der letzte Preisträger, nachdem er den Preis angenommen hatte, noch schnell gegen den Namensgeber, sprach von Verstrickungen und von institutionenfreundlicher, unkritischer Haltung. Eine feine Gesellschaft.

Der Zeitgeist hatte einen Sieg davongetragen.

Doch da war der einstmals Vielgelobte und nun Vielgeschmähte schon lange tot. In seinem Leben war es bereits vorher bergab gegangen. Er musste sein Haus verkaufen, wohnte dort allerdings noch im Souterrain, in einer düsteren Umgebung, und starb schließlich in einem kleinen quadratischen Raum im Paul-Lechler-Krankenhaus auf einer Tübinger Anhöhe.

Als ich ihn dort das letzte Mal besuchte, saß er im Bett, sah aus wie ein gerupftes Hühnchen und sagte, fast quengelnd, er wolle nicht mehr leben. Aber als kurz danach eine Freundin aus München anrief – es war wohl so etwas wie seine allerletzte Amour – und als sie ihm Werweißwas über den Hörer ins Ohr flüsterte, als er höchst aufmerksam lauschte und dabei in eine nicht vorhandene Ferne sah, da kam noch einmal ein ganz irrealer, fast sehnsüchtiger Glanz in seine Augen.

KEIN RANG,
ABER EIN RENOMMEE

Mein Jugendtraum, eines Tages entdeckt zu werden – für welche Starrolle auch immer –, erfüllte sich begreiflicherweise nie.

Doch empfohlen wurde ich schon, wenn auch Jahre danach. Mein erster Förderer hieß Friedrich Karl Fromme, der sehr viel später, nämlich von den siebziger bis Ende der neunziger Jahre, die Innenpolitik der Frankfurter Allgemeinen Zeitung leitete und einen großen journalistischen Namen errang. In seinen jüngeren Jahren wirkte er, obwohl aus sehr gutem Dresdener Arzt-Haus stammend, etwas unbeholfen, mit freundlichen blauen Augen hinter seiner randlosen Brille und einem allzeit zum Ausbrechen bereiten Lachen, das er bei jeder passenden oder auch nicht passenden Gelegenheit scheppernd vom Stapel ließ und dabei seinen ganzen Oberkörper in seltsam-vertikale Schwingungen versetzte. Auch er kam aus dem Stall des Alten Uhu, hatte bei ihm promoviert, war erst einer seiner Assistenten, später auf Verfassungsrecht spezialisierter Lehrbeauftragter am Institut. Von 1962 bis 1964 arbeitete er beim Süddeutschen Rundfunk als freier Mitarbeiter – und sagte dort, neben allem Professionellen, wohl auch ein paar freundliche Worte über mich. Ich landete also beim Schulfunk, wo er und andere Eschenburgianer schon vor mir dafür zu sorgen hatten, dass es mit der politischen Bildung im Ländle ein bisschen aufwärts gehen sollte. Das war ja auch ein Steckenpferd, nein, eine Passion von Meister Theodor gewesen, dem Mitbegründer der Landeszentrale für politische Bildung, die zunächst als »Heimatdienst« firmierte und dann »Der Bürger im Staat« hieß.

Zu meinen ersten Aufträgen zählte eine Serie mit einem typischen Eschenburg-Thema, die ich zusammen mit einem jungen Reporter zu fertigen hatte. »Wir lesen in der Zeitung«, hieß sie und demonstrierte mit vergleichendem Material die richtige, gründliche und

kritische Art, Zeitung zu lesen. Der Kollege kümmerte sich dabei um die Tonbandaufnahmen, ich schrieb die Texte, und so besuchten wir auch gemeinsam den damaligen Chefredakteur der Stuttgarter Zeitung, Rainer Tross – ein wichtiger Kontakt für mich, an den ich später anknüpfen konnte. Die Worte sprach ich nach dem

Kein Rang, aber ein Renommee

Sammeln, Sortieren und Präsentieren des Materials im Studio auf Band, was mir, wahrscheinlich als Folge einer gewissen Musikalität, erstaunlicherweise recht gut gelang. Ein paar Leute sagten mir auch, ich hätte eine Rundfunkstimme. Na prima. Von da an saß ich über Jahrzehnte hinweg mit meinen Reportagen, Features und Kommentaren vor dem Mikrofon – und genoss es. Ja, das war schon was. Und mit den Jahren wurde diese Arbeit – obwohl sich beim Rundfunk doch alles schnell »versendet« – auch wahrgenommen, wenngleich längst nicht in dem Maße wie das gedruckte Wort.

Zudem konnte man damals beim Rundfunk Geld verdienen. So bot ich meine Dienste auch bei anderen Sendern an, vor allem dem WDR, für den ich irgendwann in der Landespressekonferenz Baden-Württemberg sitzen und alle Jahre wieder über die Tarifverhandlungen im Öffentlichen Dienst berichten durfte, wovon ich im Detail wenig verstand, über den ritualisierten Gang dieser Dinge jedoch viel lernte.

Schien mir ein Manuskript besonders gut gelungen, zog ich damit zum nächsten Redakteur oder Sender und pries meine Künste. Meistens hatte ich Erfolg. Große Features konnte ich auch verschiedenen Sendern als Co-Produktion anbieten. Das ersparte Reisekosten. Bald besaß ich, was man unter Journalisten einen »Bauchladen« nennt: einen bunten Strauß von Auftraggebern und Interessenten. Es waren eben noch gute Zeiten für das Metier. Arbeit gab es reichlich, und der Berufsstand war weitaus angesehener als heute. Ich hatte viel zu tun, und was ich tat, tat ich mit Leidenschaft. Ganz abgesehen davon, dass mein trotz allem kläglicher Zuverdienst in unserer Kleinfamilie dringend benötigt wurde. Ich musste mich tummeln – auch am Samstag, am Sonntag und an etlichen Abenden in der Woche. In meinem Bauchladen befand sich, zusätzlich zum WDR, ein Fach für den NDR und ebenso eines für den Südwestfunk in Baden-Baden, von dem ich bisweilen mehr Aufträge bekam als vom SDR. Ich war auch ohne Promotion ausreichend beschäftigt.

Gegenüberliegende Seite: Vielbeschäftigt vor den Mikrofonen des Süddeutschen Rundfunks und anderer Sender, mit Features, Interviews und Kommentaren.

Aber der Stachel stak doch tief und schmerzte anhaltend. Die zwei Buchstaben vor meinem Namen hätten den weiblichen Makel lindern können. Womöglich wäre gar etwas Greifbares aus mir geworden? Inhaberin eines messbaren journalistischen Status? Eines Amtes gar? Irgendeines Titels? Vergleichbar talentierte männliche Kollegen brachten es bis zum Chefredakteur oder Herausgeber. Ich wäre allzu gerne Chefreporterin der Stuttgarter Zeitung geworden. Diesen Posten besetzte natürlich ein Mann. Er schrieb gut, aber entsetzlich langweilig. Niemals habe ich es durchgehalten, eine seiner Reportagen zu Ende zu lesen.

»Was wollen Sie eigentlich hier?«, fragte Fritz Richert, in jener Zeit Chef der Innenpolitik des geschätzten Blattes und, wie es hieß, ein ehemaliger Nazi. »Sie haben doch ein Kind. Gehen Sie nach Hause in Ihre Küche!« Und als ich Jahre später den längst verstorbenen Hörfunk-Chefredakteur des Süddeutschen Rundfunks für eine Festanstellung zu erwärmen versuchte, weil ich gerne auf etwas mehr »soziale Sicherheit«, wie man damals sagte, bauen würde, kam prompt die Antwort: »Soziale Sicherheit? Dazu haben Sie doch Ihren Mann!« Das würde sich heute keiner mehr zu sagen getrauen.

Aber so war das eben in den siebziger Jahren und noch lange danach. So ist es zum Glück nicht mehr. Auch manches andere hat sich zum Besseren gewandelt. Frauen können ganz selbstverständlich in politischen Redaktionen arbeiten. Sie moderieren und kommentieren in allen Medien.

Und niemand käme auf die Idee, ein politisches Buch würde sich nicht verkaufen, weil es von einer Frau geschrieben ist. Doch genau das musste ich noch anno 1980 erleben. Es ging darum, meine Biographie über Helmut Schmidt als Autorin mit meinem vollen Namen kenntlich zu machen. Der sehr versierte und raffinierte Chef und Begründer des Econ Verlags, Barth von Wehrenalp, Jahrgang 1911, ein Gentleman der ganz alten Schule, wollte nur meinen Nachnamen auf dem Titelblatt sehen. Er fürchtete, die Autorin einer Kanzlerbiographie könnte Leser, also Käufer, abschrecken. Wieder einmal blieb mir bei einem derart frauenverachtenden und meiner Karriere schädlichen Ansinnen glatt die Spucke weg. Ich regte mich wahnsinnig auf. Es erinnerte mich an den Zeitungsredakteur – von dem noch die Rede sein wird –, dem ein Artikel von mir offenbar derart gut gefiel, dass er, um seine persönliche Vorrangstellung nicht zu gefährden, statt meines Namens nur die Initialen davorsetzen wollte. Da war Kollegenneid im Spiel. Dem Verleger Wehrenalp aber ging es ums Geschäft. In beiden Fällen hatte ich zu kämpfen – und setzte mich am Ende durch. Passé, passé. Diese Kämpfe sind glücklicherweise ausgefochten.

Auch der hochgebildete Rundfunkredakteur, der mich freundlicherweise häufig beschäftigte, würde heute nicht mehr wagen, was ihm einstmals wohl ganz selbstverständlich erschien. Meistens rief mich seine Sekretärin an und übermittelte mir die anstehenden Aufträge – Buchbesprechungen, Fernsehkritiken, kleine Feuilletons. Ab und zu gab es etwas, das geregelt werden musste. Vorausplanungen, wenn ich mich recht erinnere. Das war dann in seinem Büro zu erledigen, unter vier Augen, versteht sich. Nur leider sollte das alles nicht nur für gute Arbeit zu haben sein. Kaum war die Sekretärin weg, in ihrem Vorzimmer verschwunden und die Verbindungstür geschlossen, war seine Hand da. Unausweichlich. Ob er mir gegenübersaß, ob neben mir, vor mir, hinter mir: die Hand zielte auf den nächst greifbaren meiner Oberschenkel, ließ sich dort nieder, um sich dann langsam, aber zielstrebig nach oben hin weiterzubewegen. Und schon war ich wieder in der Klemme, so wie damals während der Attacken meines kriegsgeschädigten Klavierlehrers, nur eben ein paar Jahre älter, verheiratet, Mutter einer Tochter. Was sollte, was konnte ich tun? Die Institution der Frauenbeauftragten, der ich mich vielleicht hätte anvertrauen wollen, war noch nicht erfunden. In allen Schaltstellen des Funkhauses, mit Ausnahme des »Frauenfunks«, waren Männer an der Macht. Und dieser hier verschaffte mir Aufträge. Wäre ich deutlich geworden, hätte ich ihn also mit drastischen Worten zurückgewiesen, hätte ihn den Grabscher genannt, der er ja tatsächlich war, hätte ihn vors Schienbein getreten oder ihm ins Gesicht gespuckt, so wäre es auch mit dieser »Klavierstunde« bald zu Ende gewesen. Aber natürlich musste der Aufstieg der Hand gestoppt werden. Ich sah ihm also weiter in die Augen, pokerfaceartig, wozu ich normalerweise gar nicht begabt bin, aber in der Not kann man manches, das einem sonst abgeht – ich sah ihm also in die Augen, tat so, als ob nichts geschehen wäre, redete wie selbstverständlich über Schriftsteller oder Fernsehspiele, fasste derweil in aller Ruhe nach der greifenden Hand, zog sie von meinem Oberschenkel ab und legte sie auf die Stuhllehne, was freilich nicht viel half. Die Hand war hartnäckig. Sie kam wieder und wieder, und ein um das andere Mal verwies ich sie auf die Stuhllehne, bis wir endlich durch waren mit unseren Themen. Ein furchtbarer Kerl. Ein Intellektueller. Ein Mann.

Ich war frei. Vogelfrei. Eine Einzelkämpferin. Die Journalistengewerkschaft vertrat damals vor allem die Interessen der Festangestellten. Aber das waren ja die Leute, von denen ich abhängig war. Selbst nach einer Festanstellung zu streben kam mir erst einmal nicht in den Sinn. Ich hatte ja ein kleines Kind und musste, konnte, zu Hause arbeiten. Außerdem begegnete ich immer wieder dem Argument, ein Posten in der Redaktion sei nichts für mich. Vor allem beim Rundfunk, wo es doch etliche Beamtenexistenzen gab, beschied man mich mit diesem Argument. Der schon erwähnte Chefredakteur – Sohn des Stuttgarter Nachkriegsoberbürgermeisters, der den Nazis so mutig die Stirn geboten hatte – befürchtete, ich könnte dann auch an einem Schreibtisch versauern, weshalb er Wert auf meine »freie« Mitarbeit legte: »Die soll schreiben!« Und ich schrieb.

Schreiben ließ man mich. So erwarb ich mit der Zeit zwar keinen Rang und keine Macht, aber ein Renommee. Denn Journalismus ist ein Begabungsberuf. Man kann sich da viel aneignen, aber eben nicht alles. Journalistenschulen sind dazu da, das Erlernbare zu vermitteln. Den Rest, vielleicht den ausschlaggebenden Rest, hat man vom lieben Gott: das Gefühl für die Sprache und ihre unendlichen Möglichkeiten, einen eigenen, unverkennbaren Stil, den Blick für das Wesentliche eines Vorgangs und für das, was einen Menschen antreibt, dazu die Fähigkeit, das Erkannte treffend und ansprechend, zum Weiterlesen verlockend, aufs Papier zu bringen. Beobachtungsgabe und Beharrungsvermögen, unendlicher Fleiß und Neugier

sind unabdingbar. Man muss Hürden nehmen und Barrieren überspringen. Vor allem anderen aber ist Leidenschaft gefragt.

Die brachte ich mit, fast im Übermaß, doch ich musste
sie zügeln. Am Anfang hieß das vor allem, mich mit
dem zu beschäftigen, was Gerhard Schröder einmal unter »Frauen und Gedöns« eingereiht hat. Dazu gesell-
ten sich Gewerkschaftsthemen, damals, anno 1971 von
großen Streiks begleitet. Inzwischen hatte ich ja auch
die Stuttgarter Zeitung, mein Sehnsuchtsblatt, für mich
gewonnen und schrieb Reportagen für die Dritte Seite.
Hier, bei der Zeitung, tat ich etwas für meinen Namen,
beim Funk eher fürs Portemonnaie. Und vom Vorsitzenden der
IG Metall in Baden-Württemberg, dem unvergessenen Willi Bleicher, bekam ich eines Tages Streicheleinheiten für meine Reportagen: »A fein's Federle schreibt se«, sagte er zu mir, in einem noch viel
feineren Schwäbisch, als ich deutsch zu schreiben verstand.

**Manfred Rom-
mel und Sibylle
Krause-Burger
signieren eine
Monographie
über den jun-
gen Stuttgarter
Oberbürger-
meister. Es ist
eines der ers-
ten Bücher der
Autorin.**

Überhaupt Willi Bleicher: Gibt es solche Figuren noch? Er war ein Kommunist gewesen und im Dritten Reich in die Schweiz emigriert. Während eines kurzen Aufenthalts in Deutschland gelang es den Nazis, ihn zu verhaften. Sie verschleppten ihn nach Buchenwald. Von 1938 bis zum Kriegsende war er dort eingesperrt, gehörte als »Kapo der Effektenkammer« zum inneren Widerstand des Lagers und zu jenen Personen, die einen dreijährigen jüdisch-polnischen Buben versteckten und retteten. Der DDR-Schriftsteller Bruno Apitz hat die Geschichte aufgeschrieben. Ihr Titel: »Nackt unter Wölfen«. Ein berühmtes Buch, oft verfilmt. Willi Bleicher hat den geretteten, mittlerweile erwachsenen und in Israel lebenden Jungen später nach Stuttgart eingeladen. Da war sein Retter schon geraume Zeit kein Kommunist mehr, sondern Mitglied der Sozialdemokratischen Partei. Die israelische Gedenkstätte Yad Vashem ehrte ihn 1965 mit dem Titel eines »Gerechten unter den Völkern«. Die Stadt Stuttgart verlieh ihm 1979 die Bürgermedaille. Aus diesem Anlass charakterisierte ihn Manfred Rommel, dazumal Oberbürgermeister, als einen »charismatischen Arbeiterführer mit der Vernunft des Sachkundigen ausgestattet und mit der Menschlichkeit dessen, der mehr ertragen musste als andere«.

Ich habe Willi Bleicher als einen Menschen mit einer geradezu berückenden Ausstrahlung in Erinnerung. Nicht groß. Aber kräftig. Mit einem breiten Gesicht und sehr ebenmäßigen Zügen, dichten, schwarzen Brauen und darunter Augen, die, wenn man einmal hineingeschaut hatte, unvergessen blieben: taghimmel-hell und strahlend, mit dunkelumrandeter grau-grüner Iris. Der Blick forschend und warmherzig, und doch auch ein Herrscherblick. Die fast noch vollen Haare über der hohen Stirn an den Schläfen grau. Ein schöner Mann immer noch, trotz allem, was er erlebt hatte, ein Mann mit Charisma. Als er im Juni 1981 mit nur 73 Jahren starb, trat ein junger Gewerkschafter – bis dahin Bleichers Adlatus – an seine Stelle, selbst eine große Begabung, moderner, natürlich, aber auch von den Wirkungen des Vorgängers zehrend. Franz Steinkühler, so sein inzwischen fast vergessener Name, ein fescher Mann auch er, brachte es bis zum Vorsitzenden der mächtigen IG Metall. In dieser Position provozierte der Sozialdemokrat immer wieder den sozialdemokratischen Bundeskanzler Helmut Schmidt. In der Auseinandersetzung mit dem Kanzler wollte er seinen Ruhm mehren, obwohl er mit den rund 2,6 Millionen Mitgliedern seiner IG Metall, der größten organisierten Arbeitnehmervertretung der Welt, der mächtigste Gewerkschaftsführer auf dem Globus war. Doch weder seine gesellschaftliche Macht noch sein Störpotential gegenüber der Bundesregierung genügten ihm. Er war eben nicht nur ein mächtiger Gewerkschafter, er war auch ein kleiner Spießer, der zu allen seinen Möglichkeiten auch noch reich sein wollte wie die Kontrahenten auf der anderen Seite des Zauns. So verspielte er am Ende alles um des schnöden Gewinnes von einer Million D-Mark willen, den er, wie ihm vorgeworfen wurde, auf Grund von Insider-Wissen als Daimler-Aufsichtsrat eingeheimst hatte. Keiner ist tiefer gefallen als der einst so hochgelobte und auch hochtrabende Franz Steinkühler. Das wäre Willi Bleicher nie passiert.

Nach diesem Debakel fand Franz Steinkühler im Messeturm zu Frankfurt am Main ein neues Büro, nicht allzu weit entfernt von seiner früheren Wirkungsstätte. Dort besuchte und interviewte ich ihn nach dem Sturz und ließ mir von seiner neuen Tätigkeit als Berater mittelständischer Unternehmen erzählen. Es war ein völlig unwirkliches, ja ein geradezu gespenstisches Gespräch. Steinkühler sah aus wie immer – ein Herr, ohne Zweifel –, trat auf wie immer, redete wie immer, gerade so als ob die neue Arbeit so bedeutend sei wie die alte. Doch wo er früher an der Spitze der größten Einzelgewerkschaft der Welt residiert, einen Apparat und zweieinhalb Millionen Mitglieder dirigiert hatte, stand ihm jetzt nur noch ein Sekretariat zu Diensten. Um ihn herum und unter ihm war schlicht nichts. Aus den Medien war er vollständig verschwunden. Als hätte es ihn niemals gegeben. Bald würde ihn im Fahrstuhl niemand mehr erkennen. Allenfalls würde der eine oder die andere da vor sich hin grübeln: mein Gott, den hast du doch schon mal gesehen. Wer kann das nur sein?

Anno 1972 gelang mir ein unerwarteter Erfolg. Im Ländle regierte Hans Karl Filbinger noch völlig unangefochten an der Spitze einer Großen Koalition, bevor er, vier Jahre später, sogar die absolute

Mehrheit errang, vermutlich auf Grund des von der Bundespolitik übernommenen Wahlslogans »Freiheit statt Sozialismus«. Das zog. Doch er hatte auch seine Meriten, hatte die Konfessionsschule abgeschafft, eine Verwaltungsreform durchgesetzt. Auch saßen in seiner Regierung eine Reihe respektabler, eher konservativer Sozialdemokraten, wie der Innenminister Krause, der Wirtschaftsminister Schwarz oder Walter Hirrlinger, zuständig für Arbeit und Soziales, später Präsident des VDK. Ein durchaus interessant gefleckter Verein. Diese Leute zu porträtieren war natürlich Männersache, aber deren Frauen ins Visier zu nehmen, das konnte eine weibliche Aufgabe sein. Also fragte mich der stellvertretende Leiter der Landesredaktion der Stuttgarter Zeitung zu meiner großen Überraschung, ob ich eine Serie von Porträts über die Frauen von Filbingers Ministerriege schreiben wolle. Ich wollte, und natürlich ging dieser Auftrag nicht als politisch durch. Er blieb im Wirkungsfeld von »Gedöns«, hatte eher Boulevardcharakter. Das wollte man die junge Journalistin ruhig mal machen lassen. Allerdings sagte ich nur unter der Bedingung zu, dass ich so frech sein dürfte, wie es das Wesen der Objekte meiner journalistischen Begierde nahelegen würde. Das wurde mir zugesagt. Dann besuchte ich die Damen nacheinander und schrieb eine Reihe von Porträts, in denen ich mir kaum Zügel anlegte und die nicht frei waren von kleinen Spitzen. Vermutlich wurden sie deshalb ein Publikumserfolg.

Das schien der sehr eitle Leiter der landespolitischen Redaktion von Anfang an zu befürchten. Offenkundig kam ihm die Sache ein bisschen gefährlich vor. Er vermutete wohl, er könnte plötzlich im Schatten einer jungen Frau stehen. Nicht annehmbar. Unerträglich. So ließ er den ersten, recht hübschen Text dieser Reihe zwar drucken, den Namen der Autorin – wie schon erwähnt – jedoch nicht. Stattdessen war das Stück nur mit zwei großen Buchstaben ausgezeichnet. K. B. stand da, wie Karl Bauer, den es nicht gab, oder Kurt Brackmann, der auch nicht existierte, oder Korbinian Bächle, von dem noch kein Mensch etwas gehört oder gesehen hatte. Ich ärgerte mich maßlos und drohte, alle Texte zurückzuziehen, wenn sie nicht mit meinem vollen Namen ausgezeichnet würden. Ich brannte doch vor Ehrgeiz. Es ging mir nicht um das kümmerliche Honorar, sondern ausschließlich darum, mein akademisches Missgeschick auch nach außen hin ein bisschen wettzumachen, meinem Vater zu beweisen, dass er sich in mir nicht getäuscht hatte, dass mein Studium nicht vergeblich gewesen war. Ich wollte meinen Namen unter die Leute bringen, zumindest in Stuttgart und dort, wo das Blatt gelesen wurde. Einiges Zureden half mir schließlich, mich durchzusetzen. Die Serie erschien so, wie ich mir das vorgestellt hatte.

Nach diesem Auftakt mit den Ministerfrauen stellte man in der Redaktion fest, dass ich nicht nur Reportagen, sondern auch Porträts schreiben konnte. Das brachte mir mit der Zeit eine Vielzahl hochinteressanter Begegnungen und mindestens ebenso viele Widerstände ein. In den Jahren zuvor arbeitete ich jedoch als Reporterin für den Rundfunk. Erst im Oktober des Schicksalsjahrs 1968 erschien meine erste Geschichte auf der Dritten Seite der Stuttgarter Zeitung. Sie wurde für viele Jahre mit unzähligen Reportagen und Porträts meine Seite. Bei meinem Einstand betreuten sie zwei Redakteure mit großem Ernst und viel journalistischer Erfahrung. Jeden Nachmittag nahmen sie sich fast eine Stunde Zeit, um in einem Hin und Her von Sätzen und Satzfetzen die attraktivsten Titel und Bildunterschriften zu finden. Es war nicht nur eine Lust, es war jedes Mal auch eine Lehrstunde, ihnen dabei zuzuhören.

Ihr Büro war im zweiten Stock angesiedelt. Und wenn ich mit einem Vorschlag dort auftauchte, klopfte mein Herz fast so stark wie vor den Terminen mit weiland Theodor Eschenburg. Immer hatte ich Angst, abgewiesen zu werden, obwohl das bei Erich Peter und Rolf Speidel nie vorkam – so hießen die beiden –, die mir, obwohl so verschieden, seltsam zwillingshaft erschienen. Sie waren freundlich, Peter nach ein paar Jahren auch ein Freund der Familie. Aber natürlich waren sie auch kleine Könige wie all die Männer, die hier arbeiteten, in einem System seltsam verwinkelter Räume vor allem in den unteren Stockwerken des historischen Stuttgarter Tagblattturms mit seinen 19 Etagen. Ganz oben residierte der Mitbegründer des Blattes und Dichter Josef Eberle, alias Sebastian Blau, im

14. Stock war das Archiv angesiedelt. Der Aufzug dort hinauf, eine Antiquität, blieb gelegentlich stecken oder hielt nicht genau an der Türe, sodass man nicht aussteigen konnte. Das ängstigte mich derartig, klaustrophobisch wie ich bin, dass ich sogar in hochschwangerem Zustand lieber die 14 Etagen hinaufstieg, als mich dieser mittelalterlichen Technik anzuvertrauen.

Kein Rang, aber ein Renommee

1968 UND DER
HEILAND RUDI DUTSCHKE

Als Karl-Heinz Kurras, von dem damals niemand auch nur im Entferntesten ahnte, dass er ein Stasi-Spitzel war, im Juni 1967 den armen, völlig harmlosen Benno Ohnesorg erschoss und damit die Revolte der Studenten auslöste, hatte ich die Universität längst verlassen. Dafür zog ich nun mit einem schweren, kofferartigen Aufnahmegerät von Ereignis zu Ereignis, um »O-Töne« einzusammeln. Das war sehr anstrengend für eine kleine, nur einssiebenundfünfzig große, weibliche Person. Doch anders ging es nicht, denn die Aufnahme-Maschine beherbergte zwei große Spulen, in die Magnetbänder einzuspannen waren. Offenbar wog der Motor, der das alles bewegte, so viel. Das gewaltige Koffergehäuse muss man wohl auch dazu zählen. Kurzum, ich hatte zu schleppen und litt darunter. Der Kassettenrekorder, der Jahre später alles leichter machte, war noch nicht erfunden. Bis dahin musste ich das unförmige Ding von Termin zu Termin und schließlich in den Schneideraum transportieren. Dort herrschten ein paar Altsüdfunker – besser: Altsüdfunkerinnen –, die einer Anfängerin Schneidezeiten allenfalls gnädig gewährten – oder auch nicht. Auf noch höheren Rossen saßen die Altsüdfunker in den Redaktionsstuben, zum Beispiel ausgerechnet die Frauenfunktante. Sie residierte an einem antiken Schreibtisch, saß auf einem seidenbezogenen Biedermeierstuhl, die Beine stets übereinander geschlagen, rauchte eine Zigarette nach der anderen und verkündete nach außen Emanzipatorisches, im Innenbereich jedoch, im Umgang mit den jungen Kolleginnen, ließ sie die Sau raus. Überall an der Macht also Leute, mit und ohne Meriten, die einem lustvoll ins Genick traten.

Die Zeit war demnach reif für vieles, was unter dem Rubrum von 1968 danach historisch geworden ist: für Königsmorde und Königinnenmorde, für den Angriff auf Autoritäten, auf die ordinierten Herrgötter an den Unis, auf die Männerherrschaft in den Schulen, auf die Frauenverächter und Frauendemütiger hier und da und überall, auf Lehrer und auf Eltern, die Kinder schlugen, auf die Machokultur in der Politik und in den Medien. Die Zeit war auch reif für die Befreiung der Sexualität oder besser: für das Ende der sexuellen Heuchelei, die noch einen Kuppeleiparagraphen im Strafgesetzbuch duldete, was die seltsamsten Blüten treiben konnte.

So auch im Leben der »Wirtin« meines Verlobten und späteren Ehemannes, die eines schönen Morgens, als wir gerade wenig bekleidet in seiner »Bude« beim Frühstück saßen – es handelte sich um Margarinebrot mit Salz zu lurkenhaftem Kaffee –, an die Tür klopfte und Einlass begehrte. Als der begreiflicherweise nicht gewährt wurde, bekamen wir den bis heute unvergessenen, an ihren Untermieter gerichteten und durch die geschlossene Tür vorgebrachten schwäbischen Satz zu hören: »Meine andere Herra«, sie meinte die studentischen Vorgänger, »meine andere Herra hend des au net do, no dürfet sie des au net do«. Wir nahmen das Verdikt zur Kenntnis und wechselten über zu meiner »Bude«. Die in Liebesdingen so gesetzestreue Wirtin aber wechselte von der Moral zum Mord. In eben jenem Sommer, in dem sie uns ermahnt hatte, nicht zu tun, was die anderen Herren angeblich auch nicht getan hätten, flößte sie ihrem zuckerkranken, beinamputierten und sehr tyrannischen Gemahl einen Schlaftrunk ein. Als er völlig hilflos war, erwürgte sie ihn mit der Sonntagskrawatte. Dann räumte sie die Wohnung auf, bügelte die Wäsche und begab sich zur Telefonzelle, um dem nächsten Polizeirevier die schlichte und zunächst für einen Scherz gehaltene Nachricht zu übermitteln: »I hau mein' Mo hee g'macht!« Frau Wirtin wanderte in den Knast. Wir aber fühlten uns frei, waren es auch in eroticis, erst recht, seit die Pille anno 64 auf den Markt gekommen war und das Elend der deutschen Kinderknappheit einläutete. Schon zuvor freilich musste man nicht mehr als Jungfrau vor den Standesbeamten oder den Traualtar treten.

Aber mit den studentischen Demonstranten, die vorzugsweise einen gewissen Ho Chi Minh oder gar den Massenmörder Mao zu ihren Göttern erhoben hatten, zog nicht nur ein Hauch von bisher ungeahnter Freiheit durch die Straßen. Wie jede Revolte – von

Revolution will ich nicht sprechen – hatten die studentischen Demonstranten auch schreckliche Übertreibungen, eigene Zwänge und wieder einmal selbstgebrautes ideologisches Rüstzeug im Gepäck. Jetzt musste man plötzlich Kindern alles gestatten, selbst wenn man spürte, dass sie einen Rahmen als Sicherheit brauchten; jetzt musste man Männern, obwohl man sie natürlicherweise sehr mochte, grundsätzlich mit Misstrauen begegnen. Allerdings nur, was ihren Umgang mit Frauen betraf, nicht den mit den Sprösslingen. Die Bekenntnisse Daniel Cohn-Bendits, eines Obergurus jener Zeit, der in dem Buch »Der große Basar« pries, wie schön es sei, von Kindern im Hosenstall gestreichelt zu werden, legen davon beredt Zeugnis ab. Von den entsprechenden Entgleisungen in grünen Parteiprogrammen und den Kniefällen der Partei vor der Szene der Pädophilen ganz zu schweigen. In Berlin, in einem Kreis von Leuten um Johannes Agnoli, wo ich recherchierte, brüstete sich der Gastgeber in meiner Anwesenheit, er habe seiner kleinen, vierjährigen Tochter den erigierten Penis vorgeführt und habe sie sein bestes Stück auch anfassen lassen. Das gehörte offenbar zur Erziehung in der neuen Freiheit. Ich war fassungslos, hatte ich doch selbst eine Tochter in diesem Alter.

Jetzt musste man plötzlich auch die Bundesrepublik Deutschland für einen faschistischen Staat halten, quasi die Fortsetzung des Dritten Reiches. Der Kommentator der Nürnberger Rassengesetze, Hans Globke, hatte doch bei Adenauer im Kanzleramt gesessen. Ein Minister, Oberländer, war in der SS gewesen. Brauchte es noch mehr Beweise?

Der ganze Laden war angeblich nationalsozialistisch verseucht. Und in der Tat saßen viele ehemalige Nazis in wichtigen Ämtern – nicht zuletzt der Justiz. Den entscheidenden demokratischen und rechtsstaatlichen Rest aber ließen die jugendlichen Weltverbesserer vollkommen aus. Den wollten sie nicht sehen. Das wirkt bis heute nach. Angeblich begann das wahrhaft demokratische Leben der Bundesrepublik erst mit dem Auftreten der Achtundsechziger. Diese Legende hat sich inzwischen festgefressen und dazu geführt, dass die großen Nachkriegsdemokraten nahezu vergessen sind. Was Kurt Schumacher, der erste Vorsitzende der Sozialdemokratie nach dem

Krieg, zuvor im KZ erlitten hatte, wie Willy Brandt verfolgt worden war, dass der liberale Thomas Dehler, der spätere Vorsitzende der FDP und begabte Debattenredner im Bundestag, nach 1933 trotz massiver Bedrohungen zu seiner halbjüdischen Frau gehalten hatte, wie der scharfsinnige und leider so früh verstorbene Sozialdemokrat Fritz Erler aus dem KZ Dachau hatte fliehen können – alle miteinander nun wirklich keine Nazis, aber einflussreiche Demokraten im Bundestag –, daran mochte sich von Stund' an niemand mehr erinnern. Die Adepten jener ideologisch aufgeheizten Geschichtsklitterung – dass nämlich erst mit 68 alles Gute und Schöne in Deutschland begann – wollen und wollten die Wahrheit gar nicht wissen. Und wenn der Faschismus schon nicht sichtbar war, dann saß er halt verdeckt in den Strukturen, was immerhin Gewalt gegen Sachen, zum Beispiel gegen Strommasten, rechtfertigte, wie ich einmal in einer Fraktionssitzung der Grünen, als diese noch öffentlich waren, von der Pastorin Antje Vollmer hörte. In den schlimmsten Auswüchsen landeten solche doch irgendwie irrsinnigen Vorstellungen – warum ausgerechnet Strommasten, die doch jeden versorgten? – dann bei der Gewalt gegen Personen, gegen »Charaktermasken«, die für das »System« standen und ermordet werden durften, wie Siegfried Buback, Hanns Martin Schleyer, Jürgen Ponto, Alfred Herrhausen oder Detlev Karsten Rohwedder und viele andere, insgesamt 34 Opfer in der Zeit des Terrors von 1971 bis 1993, ein Wahnwitz, der also länger dauerte als das Dritte Reich. Die DDR, wie man heute weiß, hat freudig mitgeholfen, hat Tätern Asyl und ein normales Leben ermöglicht. Die Mörder von Herrhausen und Rohwedder freilich sind bis heute nicht bekannt und nicht gefasst.

Als das alles mit dem Tod von Benno Ohnesorg begann, hieß der Kanzler noch Kiesinger, den Beate Klarsfeld ohrfeigte, weil er in der NSDAP gewesen war. Als es zehn Jahre später, im Terror-Herbst 1977, seinen Höhepunkt erreichte, war die Kanzlerschaft des ehemaligen sozialistischen Emigranten Willy Brandt schon Geschichte, und der pragmatisch-technokratische Kanzler Helmut Schmidt regierte in Bonn. Alfred Herrhausen starb wenige Wochen vor dem Fall der Mauer. Da war Helmut Kohl, den der Deutsch-Banker beriet, schon sieben Jahre an der Macht.

Natürlich war ich anfangs, obwohl dem studentischen Milieu längst entwachsen – dazu mit einem angehenden Richter verheiratet, also einem künftigen Repräsentanten des Systems –, von den Berliner Ereignissen und dem Tod des Studenten Ohnesorg sehr berührt. Ich war empört über die vorausgegangenen Hetztiraden der Springer-Presse. Den CDU-Kanzler Kiesinger schätzte niemand in meinem Freundeskreis. »König Silberzunge«, der so schmalzig daherzureden verstand, aber auch in die falsche Richtung lächerlich aggressiv auftreten konnte – »ich sage nur China, China, China« – war unsereinem ein politisches Ärgernis. Wir alle empfanden mehr oder weniger links, was so viel wie sozialdemokratisch bedeutete, bei manchen auch: Sozialistischer Deutscher Studentenbund, SDS, als das Äußerste, das sich für junge Leute damals durchaus gehörte. Willy Brandts und Walter Scheels überraschend schnelle Einigung auf ein sozialliberales Bündnis im Jahr 1969 – wir hatten in dieser Wahlnacht erwartungsvoll vor dem Fernseher gesessen – begeisterte uns, begeisterte auch mich.

Keine Sekunde allerdings kam ich auf die Idee, dass die Bundesrepublik Deutschland eine Fortsetzung des Dritten Reiches und also ein vom Faschismus durchtränktes politisches Gebilde sei. Vor solchen Irrtümern bewahrte mich schon meine Familiengeschichte. Immer wieder musste ich, wenn solche Vorwürfe in meinem Freundeskreis aufkamen, an meine von den Nazis ermordete Großmutter denken und ihren gerade mal dreißigjährigen Sohn Günter, den Bruder meiner Mutter, meinen Onkel, der Auschwitz nicht überlebt hatte. Von Beruf war er Grafik-Designer, also ein Schreibtisch-Mensch. Vor seiner Deportation musste er als Zwangsarbeiter Kohle schleppen. Dabei war er doch ein waschechter Berliner, aber eben auch ein Jude. Bei Luftangriffen durfte er nicht wie alle anderen in den Keller. Wenn er sich dann bei uns aufhielt – einer noch ein Weilchen halbwegs geschützten Familie wegen meines »arischen« Vaters, der sich von seiner jüdischen Frau nicht scheiden ließ –, saß dieser liebenswerte Onkel auf dem geschlossenen Klodeckel, hielt mich fest auf seinem Schoß, und alle beide zitterten wir vor Angst. Wie wären diese beiden Nazi-Opfer dem Staat Bundesrepublik als Bürger zugetan gewesen, hätten sie ihn noch erleben dürfen. Es ist doch ganz unübersehbar ein Staat, der in seiner Verfassung die Würde des Menschen über alles stellt; ein Staat, der Grundrechte garantiert; ein Staat, in dem niemand nachts von einer Geheimpolizei aus dem Bett geholt, in Viehwagen verfrachtet und in ein Todeslager gekarrt werden kann. Es ist ein Staat, der Juden schützt – da man sie bedauerlicherweise immer noch schützen muss – und nicht vernichtet.

Dieser Staat war, soweit ich zurückdenken kann, mein Staat – auch wenn es in den Institutionen noch etliche ehemalige Nazis gab. Hinzu kam, dass ich – wofür ich nichts kann, aber sehr dankbar bin – auch meine im Dritten Reich verfolgten Eltern nicht mit Schuld beladen ansehen musste. An ihnen und ihrer Geschichte gab es politisch nichts zu bekämpfen. Ich war froh, dass sie lebten, dass wir vier – Vater, Mutter, der Bruder und ich – die institutionalisierte deutsche Grausamkeit und den Krieg überlebt hatten. Schließlich wusste ich auch, und Theodor Eschenburg hat es uns Studenten immer wieder erzählt, wie das Grundgesetz entstanden, wie es konzipiert war, um eine Wiederholung der Fehler der Weimarer Verfassung künftig unmöglich zu machen. Dass die Verfassung dieser Republik quasi ein Gegenentwurf gegen alles war, was Adolf, dem Jahrtausendverbrecher, den Weg geebnet hatte: Daran gab es keinen Zweifel.

Oft, in jenen Jahren, in denen die Studentenrevolte tobte und ihr Pseudorevolutiönchen auslebte, stellte ich mir vor, meine Großmutter Thekla und ihr Sohn Günter säßen oben auf einer Wolke, hielten sich an der Hand, schauten herunter auf das Land, das sie, begeisterte Deutsche, die sie waren, ausgespien hatte, schüttelten die Köpfe über diese Jugend, die ganz offenbar nicht begriff, in welch wunderbaren politischen Verhältnissen sie lebte. Es gab ja die verrücktesten Sachen.

So stieg doch tatsächlich am Weihnachtsabend 1967 ein junger Mann aus Luckenwalde, mittlerweile Student der Freien Universität Berlin, während des Festgottesdienstes bei einem sogenannten Go-in auf die Kanzel der Kaiser-Wilhelm-Gedächtniskirche in Berlin und versuchte von dort aus eine Diskussion über den Vietnamkrieg in Gang zu bringen. Die Besucher des Gottesdienstes waren empört. Einer von ihnen schlug den Störer sehr unchristlich nieder. Ich aber wollte diesen Dutschke, den Messias der Studentenrevolte, unbedingt kennen lernen und ein Interview mit ihm machen. Der WDR, dem ich das Thema samt O-Tönen anbot, war interessiert. Johannes Agnoli, mittlerweile Professor in Berlin, stellte den Kontakt her, und ich bekam einen Termin.

Der Raum, in dem wir uns trafen, gehörte zur Freien Universität. Es war, weil die Fenster den Blick nur auf einen Hinterhof frei gaben, ein bisschen düster darin. In der Mitte stand ein großer runder Tisch aus dunkelbraunem Holz. Offenbar traf man sich hier zu Konferenzen. Jetzt saß ich etwas verloren zwischen leeren Stühlen an diesem gewaltigen Möbel, der Studentenheilige mir gegenüber. Wenn ich mich recht erinnere, war er nicht gerade ein Berg von einem Mann, eher schmal, aber mit einem schwarzen, wirren Haarschopf, dichten Brauen und glühendem Blick. Die Stimme seltsam hoch, fast eine Fistelstimme, wollte zu seinen markigen Aussagen nicht recht passen. Zudem hatte er eine monotone Art zu sprechen, alle Modulationen eisern vermeidend, als gelte es mit diesen immer gleichen Tönen, seine Thesen weniger zu erläutern als einzuhämmern. Das hatte etwas von Sprechgesang, von Gregorianik. Ein bisschen klosterbruderhaft mag Rudi Dutschke seine Mission in der Tat gesehen haben. Der Heiland von Berlin, auch wenn sich sein Charisma in diesem geschlossenen Raum nicht so richtig mitteilen wollte. Doch der Anspruch war hoch. Immerhin zählte er nicht nur Ché Guevara, sondern auch Jesus, als den größten Revolutionär, zu seinen Vorbildern. War er deshalb auf die Kanzel der Kaiser-Wilhelm-Gedächtnis-Kirche gestiegen? Wenn man für einen Moment außer Acht lässt, dass dies eine sehr medienwirksame Aktion war, dann mag das gewiss ein Grund gewesen sein. Auch ich hatte mich ja einfangen lassen, war nach Berlin geflogen, um diesem vermeintlichen Weltenretter das Mikrofon unter die Nase zu halten. Und natürlich sagte er dann, was zu erwarten war und was man damals links von der Mitte bis nach ganz links außen zu sagen pflegte: es gelte gegen »Unrecht« und »Ausbeutung« zu Felde zu ziehen; der Faschismus wohne auch bei uns in den Institutionen; es fehle am Dialog zwischen den Massen und denen, die die Massen repräsentieren. Im Fall der Berliner Kanzelbesteigung ging es Dutschke aber, so bekannte er sich zumindest in dem Gespräch mit mir, vor allem darum, »die wenigen Subversionen im Christentum« zu unterstützen.

Er sei Revolutionär, fügte er hinzu, er wolle also nicht nur im Christentum, sondern in der ganzen Gesellschaft »eine subversive Rolle« spielen, in allen Institutionen »subversive Basisgruppen« aufbauen und den Apparat von innen her zerstören, also den noch lange danach vielzitierten Marsch durch die Institutionen antreten. In diesem Zusammenhang kamen ihm auch so absonderliche Begriffe wie der von den »produzierenden Studentenmassen« über die Lippen oder auch der bürgerschreckende Satz: »Wenn wir 200 bis 700 gut ausgebildete Kader in der Bundesrepublik hätten, dann sähe es vielleicht mit diesem Staat schon anders aus«.

Auf den ersten Blick wirkte Rudi Dutschke wahrhaft entflammt. Doch es war etwas Angelerntes in dem, was er von sich gab. Nichts wirklich Lebendiges hatte ihn angezündet, nur der alte, längst zu Floskeln erstarrte, aber in der Studentenrevolte gerade modische marxistisch-sozialistische Kram. Den Muff von tausend Jahren hatten sie aus den Talaren geblasen, ja, freilich nur, um die abgestandene Stickluft ideologischer Dogmenhuberei hereinzulassen. Immerhin hatte der akademische Muff niemanden umgebracht. Die extremste Form der »subversiven« Träumereien, wie sie nach Dutschke eine ganze Intellektuellengeneration benebelten, erwies sich als entschieden weniger harmlos. Und dazu bedurfte es nur ein paar sehr entschlossener junger Leute von der RAF. Nicht auszudenken, was »200 bis 700 gut ausgebildete Kader« angerichtet hätten.

Rudi Dutschke war nicht ganz von dieser Welt. Ein gewisser Josef Bachmann, rechtsradikal inspiriert, war es noch viel weniger. Am 11. April 1968 schoss er dem eingebildeten Revolutionär zwei Mal in den Kopf, einmal in die Schulter. Die Studentenbewegung hatte nun einen Märtyrer. Der aber, obwohl er noch einmal halbwegs auf die Beine kam, war seiner außerordentlichen Wirkungen in der Öffentlichkeit beraubt.

In diesem reduzierten Zustand traf ich ihn 1977 noch einmal, in Tübingen, bei der Beerdigung von Ernst Bloch. Oder besser: bei den rituellen Feierlichkeiten des linken Sektenmilieus, mit Fackeln und roten Lampions, die sich der Beerdigung anschlossen. Ich begleitete den Zug durch die kleine Stadt, um darüber für die Stuttgarter Zeitung zu berichten, folgte diesen sich selbst weit mehr als Ernst Bloch feiernden Pilgern zu vier Stationen, wo sie aus Lautsprechern jeweils eine Art Altar aufbauten, hörte ihre scheppernd verstärkten Klagen über den »Polizeistaat« und den »Abbau demokratischer Rechte«, begleitet von Biermann-Gesängen, und ich sah – so mein Text – »die Heroen von einst, überständig, manche Karikaturen ihrer selbst wie Rudi Dutschke, den in Tübingen niemand mehr auf den Schultern tragen mochte, der fast hilflos nach einem Publikum Ausschau hielt«.

Für diese Reportage verliehen mir die Zeitungsverleger freundlicherweise und völlig überraschend den angesehensten Journalistenpreis der Republik, den Theodor-Wolff-Preis. Das war eine Wende, ein Ritterschlag, eine Ersatzpromotion. Endlich wieder einmal eine bedeutsame Anerkennung von außen – zwanzig Jahre nach dem Abitur, das ich mit Auszeichnung bestanden hatte. Wie gerne hätte ich meinem Vater davon erzählt. Doch da war er schon seit zwei Jahren tot.

MEINE BUDDENBROOKS

Es hieß, der Vater sei in einer Nebenstraße der Stuttgarter Innenstadt, unweit seines Betriebes, auf einer Bananenschale ausgerutscht und deshalb unglücklich gestürzt. Vielleicht traf das zu. Oder hatte ihn doch ein kleiner Schlaganfall zu Boden geworfen? War es schon das Alter von gerade mal 62 Jahren, das als Ursache des Unfalls infrage kam? Zeigte sich vielleicht jetzt in diesem Zusammenbruch, 22 Jahre nach Kriegsende, was er bis dahin mitgemacht und nicht an sich herangelassen hatte? Die Zeit der Verfolgung? Die Angst um Frau und Kinder? Die Flucht aus Berlin? Die Intrigen von Schwester und Schwager, der Verrat in der Familie an seiner jüdischen Frau mit beinahe tödlichen Folgen? War die Kraft aufgebraucht? Belastete ihn der Neubeginn als Unternehmer? Er war sowieso nie besonders körperstark gewesen, nur lang und leptosom, ein bisschen schwach auf dem Herzen, schon von Jugend an. Statt zu trainieren, wurde er immer geschont. Das hielt man damals für die richtige Therapie. Von früh bis spät passte unsere Mutter auf, dass sich ihr Mann körperlich nicht anstrengte. Denkbar also, dass sich, nachdem die zwölf Jahre Adolf ausgestanden und der erneute Start nach 1945 geglückt waren, nun sichtbar wurde, wie sehr ihn alles gefordert, ja überfordert hatte.

Er hatte es gemacht wie alle anderen Deutschen auch, hatte – soweit das möglich war – die Vergangenheit vergangen sein lassen und einen neuen Anfang gewagt. Mit dem Unterschied allerdings, dass in seinem Fall keine Schuld verdrängt werden musste, vielmehr das, was die Schuldigen ihm und seiner Familie angetan hatten. Obwohl der Mord an den engsten Angehörigen selten ein Thema an unserem Mittagstisch oder beim Abendessen war, das uns dann die Luft oder

gar den Appetit hätte nehmen können, war es für die Eltern nicht möglich, das Schreckliche ganz zu verdrängen. Die Nazi-Zeit hatte sich ja noch lange nicht spurlos verflüchtigt. Sie lebte fort in dem ewigen Schmerz über den Mord an meiner jüdischen Großmutter und meinem Onkel; sie lebte fort in den Briefen, die fast täglich von den Überlebenden Cousins und Cousinen aus aller Welt bei uns eintrudelten – aus Südafrika, aus Brasilien, aus den Vereinigten Staaten. Sie lebte fort in der Familie der Schwester unseres Vaters, die Adolf, dem Jahrtausendverbrecher, auf den Leim gegangen war, die auch die jüdische Schwägerin verraten hatte und der man doch nach und nach verzieh. Jetzt war sie mitsamt ihren zwei Kindern – ihr Mann, der ehemalige SS-Offizier, saß ein paar Jahre lang im Lager – auf die Hilfe des Bruders angewiesen. Sie lebten in unserer Nähe. Man sah sich fast täglich. Und doch grummelte die schreckliche Vergangenheit allenfalls im Untergrund, galt es doch vor allem anderen einen schwierigen Alltag zu meistern. Wir vier – Vater, Mutter, mein Bruder und ich – hatten in Nussdorf, wo der schwäbische Teil der Familie herstammte, wie durch ein Wunder überlebt. Das war die Hauptsache. Aber wir besaßen nichts mehr, keine Möbel, kein Geschirr, kein Besteck, keine Kleider. Aus einem Fundus des Bad Cannstatter Kurhauses, der im Keller des Schulhauses in unserem Dorf den Krieg überdauert hatte, wurden die notwendigsten Gegenstände an die Leute verteilt. Aus Fahnen und Uniformen nähten junge Frauen Kleider. Und der Vater, der zunächst an Auswanderung nach Brasilien gedacht hatte, wohin sein geliebter Schwager Hans geflohen war, beschloss trotz der Last der Vergangenheit im Lande zu bleiben. Er reihte sich ein in die Riege derer, die den ungeheuren Nachholbedarf der Nachkriegsgesellschaft zu decken begannen, gründete eine Fabrik, die Damenmäntel herstellte, knüpfte also dort an, wo die Nazis ihm, weil er »jüdisch versippt« war, das Produzieren unmöglich gemacht hatten.

Einen offenbar ausreichenden Rest an Stoffen hatte er schon im Krieg nach Nussdorf ausgelagert. Mit diesem Grundstock konnte die Sache dann 1948, dem Jahr der Währungsreform, neu beginnen. Wo die Maschinen herkamen? Ich weiß es nicht. Auf alle Fälle ließ sich das Geschäft gut an. Fast jede Frau brauchte einen neuen Mantel.

Entworfen und zugeschnitten wurde in Vaihingen an der Enz, wo wir ab Weihnachten 1945 wohnten. Die Fertigung hatte nur zum Teil in der Zentrale ihren Platz, den anderen Teil übernahmen sogenannte Zwischenmeister. Die brachten die Ware ins Haus, meine Mutter kontrollierte, ob alles in Ordnung war. Herr Abele, ein schwäbisches Urgestein, verpackte sie, Frau Abele, die ihren Chef unnachahmlich schwäbisch darum bitten konnte, ein »Scheckle« über 10 000 DM, damals viel Geld, zu unterschreiben, machte die Buchhaltung. Wir hatten Teil am Wirtschaftswunder.

Erst fuhr der Vater einen alten DKW, dann einen kleinen Opel, schließlich einen Opel Kapitän. Erst machten wir Ferien auf einem Bauernhof im Allgäu, wo es ständig regnete und nichts Gescheites zu essen gab. Später verbrachten wir Sommerurlaube im gepflegten Hotel Geiger in Berchtesgaden oder einen Winterurlaub im Hotel Luitpoldbad in Hindelang. Es war ein schönes bürgerliches Leben, es waren die besten Jahre für die Eltern, nach allem, was sie in zwei Weltkriegen und vor allem unter der Herrschaft der Nazis erlebt und erlitten hatten. Am Ende des Grauens war mein Vater noch ein junger Mann von gerade mal vierzig Jahren. Nur zwanzig Jahre später, als er sechzig war, begann der Weg bergab.

Schon vorher hatte es ausreichend Gründe für Beunruhigungen gegeben. Die Geschäfte liefen nicht mehr so gut. Inzwischen hatte doch jede Frau wieder einen Mantel im Schrank oder gar zwei – einen für den Winter, einen für die Übergangszeit. Die Firma Walter Burger, 1948 gegründet, später Kurzhals & Burger, war zwar annähernd zwanzig Jahre lang sehr erfolgreich gewesen. Doch nun, in der ersten Rezession nach Einführung der D-Mark, tauchten noch ganz andere als nur vorübergehende Absatzschwierigkeiten auf. Wie Walters Kollegen, von denen der eine hinreißende Jungmädchenkleider herstellte, der andere teure Blusen für ältere Damen, geriet auch mein Vater mit seiner Art der Herstellung in den Sog von größeren Unternehmen. Die produzierten billiger und kauften die kleineren Firmen auf. Karl Marx nannte das die Akkumulation des Kapitals. Auch mein Vater hätte verkaufen müssen. Es gab wohl Angebote, doch meine Mutter wollte das

Nachkriegsleben, das einzig schöne, das ihr als Erwachsener vergönnt gewesen war, unter allen Umständen weiterleben. Sie wollte weiterhin mit ihrem Mann jeden Tag in die Fabrik gehen, wo sie die Waren vor dem Versand kontrollierte, Kunden betreute und alles Unangenehme vom Chef fernhielt. Sie wollte nicht verkaufen, und also verkaufte der Vater nicht. Vielmehr butterte er alles, was in den Jahren zuvor erwirtschaftet worden war, auch die Altersversorgung, in den Versuch, die Firma zu retten. Am Ende stand ein Vergleich, der für sie privat nichts übrig ließ. Plötzlich waren meine gutbürgerlichen Eltern arm, ein Sozialfall, dazu alt – zumindest für die damaligen Verhältnisse – und zu verbraucht, um noch einmal neu anzufangen. Sie hatten die Zeichen der Zeit nicht verstanden oder auch nicht berücksichtigt. Sie hatten nichts mehr. Diese beiden hatten nur noch sich.

Zuerst mussten sie das gerade gebaute Haus aufgeben und in eine Parterrewohnung »ohne Komfort« ziehen, wie unser altes Dienstmädchen, die kluge Anna, bemängelte, die noch zwei, drei Mal pro Woche vorbeischaute und sich kümmerte. Dann reichte das Geld auch dafür nicht mehr aus. Eine winzige Sozialwohnung – zwei Zimmer mit Essnische – wurde zum letzten Refugium. Es war ein Niedergang von Buddenbrookschem Ausmaß. Aber irgendwie nahmen es die Eltern mit Würde und Gelassenheit, freuten sich an den Enkeln, die alle ganz in der Nähe wohnten, und führten – zwei sich ewig Liebende – ihre nie enden wollenden Gespräche fort, nun eben in der Essnische einer Sozialbehausung statt im großbürgerlichen Wohnzimmer. Irgendwie hatte man den Eindruck, mit dem Vermögen waren auch Lasten von ihnen genommen.

.

Und der Kanzler
langweilte sich sehr

Bringen Sie mir doch mal eine Wahlkampf-Reportage«, sagte mein Rundfunkredakteur, »begleiten Sie Helmut Schmidt im Wahlkampfzug der SPD durch die Republik«. Wir schrieben das Jahr 1976, in dem Helmut Kohl gegen Helmut Schmidt antrat. Natürlich sagte ich nicht nein zu diesem Projekt und bekam auch aus Bonn die Zusage, dass ich mitreisen könnte. Die Zahl der Medien und folglich auch der Journalisten war damals noch überschaubar, meine Akkreditierung also für ein großes Medienunternehmen wie den Süddeutschen Rundfunk durchaus keine Besonderheit. Wir starteten in Lübeck und fuhren über Starnberg und Weilheim in Oberbayern bis nach Rosenheim. Das Ganze dauerte drei Tage, galt es doch, Bayern für die SPD zu erwärmen – ein völlig aussichtsloses Unterfangen. Bei der Wahl ergatterte die Partei gerade mal 32,8, die CSU hingegen 60 Prozent der Stimmen, was so in etwa schon vorher klar gewesen war. Trotzdem musste natürlich Wahlkampf sein. Andererseits fuhr man viel durch die Landschaft, und der Kanzler langweilte sich sehr. Alle Akten schienen bearbeitet, kein weltweiser Kollege wartete auf ihn, keine Kabinettssitzung fand statt, also blieb ihm nichts anderes übrig, als sich mit den Presseleuten zu begnügen. Das konnte mit diesem nachthockenden und gern bis in die späten Morgen schlafenden Menschen lang gehen. Und wenn wir, mit Ausnahme der hartgesottensten männlichen Kollegen, schon mehr unter als über dem Tisch hingen, zeigte er sich immer noch munter und dozierte.

Tagsüber, zwischen den öffentlichen Auftritten, ließ er den einen oder anderen aus unserer Gruppe zu sich ins Abteil kommen und geruhte gnädig, Auskünfte zu erteilen. Auch ich bekam einen Termin. Es wurde eines der anstrengendsten Interviews meines langen Berufslebens, zumal ich Fragen für eine halbe, höchstens eine Stunde vorbereitet hatte. Mehr Zeit, so dachte ich, würde er mir nie und nimmer zugestehen. Er aber wollte sehr viel länger und ausgiebiger Antworten geben. Ich fragte also nach allem, was zu fragen sich in diesem Moment so anbot: nach den drängendsten Problemen der Republik, nach seinen beliebtesten Gesprächspartnern, nach dem ewigen Ärger mit Oskar Lafontaine, nach der Befreiung der Lufthansa-Maschine Landshut in Mogadischu, nach seiner Jugend im Krieg, nach beginnenden Beschwerden des Alterns, nach Lust und Last des Regierens. Nach jeder Frage sah ich mich einem erwartungsvollen Blick ausgesetzt. Weiter, schien der zu sagen, weiter, es ist doch so schön und abwechslungsreich, mal einer jungen Frau Antworten zu geben. Und ich ließ mein Interesse an seiner einzigartigen Person leuchten, strahlte ihn an, grub Frage um Frage aus den Tiefen meiner journalistischen Neugier. Kaum hatte ich noch die Kraft, mitzuschreiben. Es nahm einfach kein Ende – gefühlte zwei bis drei Stunden lang. Dann, endlich Rosenheim. Was für ein wunderbarer, rettender Ort. Ich war befreit.

Befreit von einem Mann, der mir doch sehr imponierte. Zu diesem Zeitpunkt war er mein Kanzler. Aber schwierig war er eben auch. Man wurde sofort korrigiert, wenn Fragen nicht mit höchster Präzision gestellt waren. Es kam nie eine Frage zurück. Aber das ist eine Politikerkrankheit. Weil sie dauernd Antworten geben müssen, verlernen diese Leute meistens, zurückzufragen. Es sei denn, sie haben einen Experten vor sich, den sie zu einer bestimmten Sache ausquetschen können und müssen. In dieser Art von Austausch blieb auch Helmut Schmidt nicht bei seiner üblichen Zurückhaltung. Da stellte er Frage um Frage. Aber ein von ihm im Rang niedriger eingestuftes Gegenüber als interessante Person wahrzunehmen, gar einen Teppich auszurollen, um in ein Gespräch zu kommen, das wäre ihm wohl immer als unstatthafte Neugier erschienen. Aber gerade vom Interesse an einem Gegenüber lebt ja ein Gespräch.

Welche Ödnis also, wenn zwei von dieser Sorte aufeinandertreffen. So einstmals bei einem Abendessen im Kanzlerbungalow, als Helmut Schmidt neben Margaret Thatcher saß. Ich war auch mit zu Tisch geladen, weil ich Material für mein Buch über den Kanzler brauchte – Beobachtungen, Eindrücke, Einsichten. Und was ich sah, berührte mich mit fast körperlich spürbarer Peinlichkeit. Natürlich hatten sich die beiden Regierenden politisch nicht viel zu sagen, sie mochten sich auch nicht besonders, wie man wusste. Vor allem aber fanden sie keinen Weg, die Sprachlosigkeit elegant zu überspielen. Zwischen den Gängen unterhielt sich der Deutsche aufs Unhöflichste nur mit seinem Nachbarn zur Rechten, mit Lord Carrington, dem britischen Außenminister. Die mächtige Dame aus England blieb derweil völlig unbeachtet und bohrte geradezu verzweifelt mit der Zunge in den Zähnen. Aber damals war Helmut Schmidt noch Kanzler. Man würde seine mangelnden Manieren zwar bemerken, sie auch übel zu nehmen, lohnte sich politisch nicht.

Schlimmer erging es ihm, als er nicht mehr im Amte war.

In Bonn regierte Helmut Kohl, aber er, der Vorgänger, begann seine Karriere als Weltwirtschaftsweiser. Unter diesem Vorzeichen bat ihn die Chamber of Commerce von Middlesbrough zu einem Vortrag nach Wynard Park in Nordengland. Warum er diese Einladung annahm, bleibt mir bis heute unerfindlich. Vorgeblich hatte er sich seinem Freund, dem Industriellen Körber zuliebe darauf eingelassen. Der pflegte geschäftliche Verbindungen in der Region. Auf alle Fälle musste Helmut Schmidt nun da hin, nahm seinen persönlichen Referenten mit und freundlicherweise auch mich, die ich eine Reportage über den Ex-Kanzler auf Reisen für die Stuttgarter Zeitung schreiben sollte. Seine drei Bewacher, mir aus Schmidts Kanzlertagen noch gut bekannt, waren ebenfalls mit von der Partie. Sie übten nun die Funktion von Kammerdienern aus, trugen seine Tasche, weckten ihn morgens auf, brachten dem Langschläfer die erste Tasse Kaffee ans Bett und dienten auch als Echoraum, wenn er nach alter Gewohnheit am Ende eines Abends in die Runde fragte, wie er denn gewesen sei: »Wie war ich?«

Middlesbrough hatte also den hochmögenden Gast zu sich gebeten, den ehemaligen Bundeskanzler aus Deutschland, was die Veranstalter in keiner Weise davon abhielt, ihre alten Rituale aufs Ausgiebigste zu zelebrieren. Angefangen vom Auftritt des Toastmasters im roten Frack, der mit dem Stock gebieterisch auf den Boden klopft, über ein Dankgebet des Pastors bis zu allerlei Begrüßungsreden und einem Hoch auf die Queen, gefolgt von einem sich dehnenden Essen mit köstlichem Braten vom Lamm. Erst dann war der große Mann aus Deutschland, den die Gastgeber anhaltend falsch als »Präsident« anredeten, an der Reihe. Da hatte es schon elf Uhr nachts geschlagen. Bis es so weit war, hatte er gerade mal drei Fragen nach rechts und drei nach links beantwortet, selber vielleicht jeweils eine gestellt. Und dann erging es ihm wie einstmals Margaret, der eisernen Lady, bei jenem denkwürdigen Bonner Besuch: Er schaute zur Decke, schaute wieder zurück und bohrte mit der Zunge in den Zähnen. Ich saß am Tisch schräg gegenüber und beobachtete das Drama, das natürlich doch mit einem brillanten Vortrag sein zu erwartendes Ende fand. Danach aber fragte er mich, die ich mich mit meinen Tischnachbarn gut unterhalten hatte: »Was haben Sie eigentlich den ganzen Abend zu reden gehabt?«

WELTBÜRGER UND KLEINBÜRGER IN EINEM

Es will mir nicht in den Kopf, dass dieser ewig junge Kettenraucher tatsächlich gestorben sein soll. Helmut Schmidt, auf den ich von Jugend an geschaut habe, lebt. Wer es so lange ausgehalten hat, nämlich bis zum 95. Lebensjahr, dazu in völliger geistiger Frische und allzeit um Rat und Meinung gefragt, der kann gar nicht tot sein. Und da sehe ich ihn auch schon, wenn ich ganz weit zurückblicke, anno 1957, auf dem Tübinger Marktplatz, mit diesem vollen, schwarzen Schopf und der ungezogenen Locke, die sich frech über das rechte Auge schiebt. Dazu eine Sprungkraft, die den jungen Mann vom Pflaster im Nu auf die Ladefläche eines bereitstehenden Lastwagens mit Mikrofon hebt, wo er besser gesehen und gehört werden kann. Und dann die Stimme, hell, metallisch, jugendfrisch, angreifend. So fing es an. Und so ging es weiter.

Nein, das war kein grauer Ollenhauer-Sozialdemokrat, das war einer aus der neuen Zeit. Und wie er gegen eine mögliche atomare Bewaffnung der Bundeswehr wetterte, das gefiel uns Studenten natürlich erst recht. Wir erlebten einen federnd-faszinierenden Politik-Adonis. Ja, der würde noch ganz andere Bühnen erklimmen.

Als ich ihm das nächste Mal persönlich begegnete, Jahrzehnte später, hatte Helmut Schmidt die höchste Ebene längst erreicht. Sein Haar war graumeliert, die kesse Tolle aber zwang ihm nach wie vor diese gezierte Geste ab, mit der er das ungebärdige Haar wieder hinters Ohr zurückbeförderte. Das Federnde hatte er verloren oder abgestreift, und was an ihm faszinierte, kam jetzt aus seiner Wortgewalt und der Macht des Kanzlers der Republik.

Was aber trieb ihn an? Das sollte ich auf Wunsch eines großen Verlages in jener schon erwähnten Biographie herausfinden, sollte ihn ein Jahr lang auf Reisen und bei besonderen Ereignissen begleiten, selbstverständlich auch immer wieder befragen. Es wurde das interessanteste Jahr meines Berufslebens. Anstrengend war es auch. Der Mann galt ja als arrogant. Und so gab er sich auch ganz bewusst, schnauzte, beleidigte Journalisten, versuchte mich einzuschüchtern, drohte gar: Es würde kein Vergnügen für mich, er habe keine Lust auf diese Begleitung, ich solle mich da auf einiges gefasst machen. Das sei mein Job, gab ich ihm äußerlich lässig zurück.

Ganz so schrecklich wurde es dann nicht, und immer wieder hatte ich das Gefühl, dass ein Gutteil seiner Unverträglichkeit gespielt sei.

Kohl aß sich Mauern an. Schmidt umgab sich, nachdem er den Schmidt-Schnauze abgelegt hatte, mit einem Harnisch aus inszenierter Arroganz und norddeutscher Unnahbarkeit. Das Oberlehrerhafte kam hinzu. Dahinter jedoch verbarg sich eine gewisse Verletzlichkeit. Man mag es auch die Bereitschaft zur Selbstkritik nennen. Sonst hätte er doch nicht Regierungssprecher Klaus Bölling, seinen genialen Propagandisten – wie später die Bewacher oder wer sonst gerade greifbar war –, am Ende eines jeden Auftritts nach den Wirkungen aufs Publikum fragen müssen, ob er denn wirklich gut gewesen sei. Aber der Mensch ist ja selten aus einem Guss. Auch Helmut Schmidt stak voller Widersprüche. Er hatte dieses Eitel-Empfindsame an sich, auch Perfektionistische in der Selbstdarstellung. Bei der Ausformulierung von Parteitagsreden konnte er die Nacht vor dem Ereignis opfern, um die Worte richtig zu wählen, sie hin und her und wieder zurück zu schieben. Offenkundig war er seiner selbst nicht ganz sicher, zumindest nicht auf eine lockere Art. Und welcher intelligente Mensch wäre das schon?

Eine sympathische Eigenschaft. Sie minderte aber keinesfalls seine oft beklagte Überheblichkeit. Er trat nun mal gern als der große Weltenversteher und Weltenerklärer auf. Und als nach Jimmy Carter, den er verachtete, Ronald Reagan zum amerikanischen Präsidenten gewählt wurde, hörte ich ihn sagen, nun bekomme er »schon wieder so einen Lehrling«.

Auch über das Welterfahrene, das er sich im Laufe seiner Karriere erarbeitet hatte, verfügte er nicht ohne Brüche. Es gab einen seltsamen Kontrast ab zu dem Kleinbürger Schmidt, der allzeit mit seiner Schiffermütze unterwegs war und der eine Vorliebe für

Coca-Cola mit Bratkartoffeln pflegte. Ihm fehlte jegliche Eleganz, wahrscheinlich deshalb liebte und bewunderte er den adligen Freund Giscard d'Estaing so innig, dem beides ganz selbstverständlich zu eigen war – die Welterfahrung ebenso wie das Weltläufige. Wie mag sich der hochmögende Franzose wohl gefühlt haben, als er Schmidts Einladung in dessen enges Reihenhaus nach Hamburg-Langenhorn folgte und dort an der mit Schiffsutensilien überreich geschmückten Hausbar sitzen durfte?

Gespräch mit Bundeskanzler Helmut Schmidt am 14. Mai 1982 in der Reihe »Wortwechsel« für das Fernsehen des Südwestfunks.

Auch ich hatte einmal das Vergnügen. Es ging darum, die genauen Termine von Ereignissen aus seiner Vita zu überprüfen. Ehefrau Loki war mit von der Partie und versuchte, in sehr Hamburgischer Manier zu assistieren: »Naiin Helmut, das war nicht 1947, das war…«; »Naiin Helmut, du irrst, das war …«. So ging das ein ganzes Weilchen. Sie wusste es einfach besser und beharrte darauf, bis der Kanzler wütend mit der Faust auf den Tresen haute: »Verdammt noch mal, Loki, ist das mein oder dein Interview?!«

Weltbürger und Kleinbürger in einem

Was Helmut Schmidt an Weltgewandtheit fehlte, machte er durch seine überragende Intelligenz und die Treffsicherheit der Sprache wett. Das ist ihm, wie man weiß, bis ins hohe Alter geblieben. Doch selbst Helmut Kohl hatte mehr Lebensart als sein bis heute hoch verehrter Vorgänger. Mit Kohl saß man – ohne zu rauchen – auf Augenhöhe am Rauchtischchen. So ließ es sich leichter reden und sogar plaudern. Helmut Schmidt – natürlich rauchend – setzte seine Gesprächspartner auf die andere Seite seines Schreibtisches, wie untergebene Beamte. Für das Demütigende dieser Situation fehlte ihm entweder das Gespür oder er hat es gern in Kauf genommen. Hans-Dietrich Genscher soll sich an dieser Unsitte mächtig gestört haben. Ich ertrug es gerne, gab es mir doch die Möglichkeit, mein Notizblöckchen vor mich hinzulegen und seine Aussagen bequem mitzuschreiben.

Er hatte mir, Nachtmensch, der er war, eine späte Stunde gewährt. Statt Coca-Cola gab es sogar ein Gläschen Wermut, aber eine Plauderstunde, wie ich gehofft hatte, wurde es trotzdem nicht. »Sie müssen fragen«, sagte er, »von selbst sprudelt nichts.« Und in der Tat, um ihn zu beleben, fragte ich mir wieder einmal die Seele aus dem Leib. Es kamen zwar Antworten, aber – wie in allen unseren Gesprächen – kam keine Frage zurück. So landeten wir auch an diesem Abend nur bei der schieren Politik, bei seinem Stil des Regierens, bei den Beratern, bei den Mitstreitern und schließlich bei der Bemerkung, Führung müsse sein, leider sei der Begriff durch die Nazis abgewertet worden. Erst ganz zum Schluss, die Uhr schlug schon Mitternacht, rang er sich eine persönliche Bemerkung ab. Er habe zu wenig Zeit zum Leben, sagte er leise. Die ist ihm, der 1982 aus dem Amt scheiden musste, dann doch noch aufs Großzügigste nachgereicht worden. Nach seinem Sturz blieb er mehr als dreißig Jahre lang höchst gefragt, nun aber auf der anderen Seite des Zauns, nicht mehr als Macher, sondern als Merker, als Autor, als Interviewpartner, als Vortragsreisender, als elder statesman und nicht zuletzt als Herausgeber der Wochenschrift »Die Zeit«. Während Helmut Kohl nicht nur machtpolitisch, sondern ebenso intellektuell erst einmal in der Versenkung verschwand – auch durch Krankheit geschwächt –, blieb Helmut Schmidt bedeutend. Je weiter entfernt von der Macht er war, desto mehr wuchs sein Ansehen. Seine Bücher wurden Bestseller. In seinen Fernsehgesprächen brillierte er mit Scharfsinn. An Beliebtheit kam ihm kein anderer Altpolitiker gleich. Schon zu Lebzeiten war er eine Legende.

Doch historisch gesehen, als Kanzler der Einheit, war Helmut Kohl das auch.

MACHTWECHSEL

Von der Pressetribüne aus im alten Bonner Bundestag hatte man einen guten Blick auf die Regierungsbank. Am 1. Oktober 1982 stand ich da oben und beobachtete das Drama, das sich unten im Plenarsaal abspielte: den Wechsel von Helmut Schmidt zu Helmut Kohl als Bundeskanzler infolge eines von den Unionsparteien und den Liberalen anberaumten und erfolgreich durchgezogenen konstruktiven Misstrauensvotums. An meiner Seite hatte ein Kollege vom »Spiegel«, der mit mir befreundete Bonner Büroleiter Paul Lersch, seinen Beobachterposten bezogen. Er war ein ewiger Kritiker des Kanzlers gewesen, der Schmidt für einen Politiker ohne Visionen, einen schieren Macher hielt. Das gehörte sich ja auch so für einen Mitarbeiter des damals noch konkurrenzlos kritischsten Magazins der Bundesrepublik. Eigentlich hätte er sich über Schmidts Abwahl freuen müssen. Doch es folgte kein neuer Willy Brandt nach, sondern ein etwas ungelenk wirkender Konservativer, und so sah ich, was ich im ersten Moment für eine Sinnestäuschung hielt. Plötzlich, als Schmidts Niederlage feststand und der Altkanzler zum Neukanzler schritt, um ihm zu gratulieren, hatte der journalistische Kritikaster neben mir Tränen in den Augen.

Seine Tränen drückten aus, was sehr viele empfanden. So auch ich.

Kohl? Kanzler? Der? Wir, die wir uns als fortschrittlich und pragmatisch zugleich empfanden, liberal, sozial und durchaus den alten bundesrepublikanischen Werten zugewandt, sahen Kohl als einen Kanzler unter Wert an. Er war uns zu wenig intellektuell. Zu wenig gewandt in der Sprache. Zu wenig erfahren in der Welt. Nach dem Hamburger Schmidt, der schon von Kindesbeinen an frische Welt-Luft um die Nase gehabt hatte, nun dieser Provinzler. Hier Schmidt-Schnauze, dort ein rhetorisch mehr als Unbeholfener. Einen Schulkameraden namens Schreckenberger hatte er zum

Chef im Kanzleramt ernannt. Der war dieser Aufgabe offensichtlich nicht gewachsen. Akten verschwanden oder wurden nicht bearbeitet. Das Amt schien dem Bermudadreieck vergleichbar. Ein Pannenkanzler regierte. Welcher Absturz nach dem hocheffizienten Helmut Schmidt und seinem exzellenten Führungsstab, dem sogenannten Kleeblatt, bestehend aus dem vorzüglichen Verwalter Manfred Schüler, dem Chef des Kanzleramtes, dem geschliffenen Regierungssprecher Klaus Bölling, dazu Staatsminister Hans-Jürgen Wischnewski, genannt Ben Wisch, und dem Leiter des Kanzlerbüros, Werner Bruns.

In den ersten Jahren von Helmut Kohls Kanzlerschaft lag bei vielen enttäuschten ehemaligen Schmidt-Wählern, und ich gehörte ja auch dazu, so etwas wie Fremdschämen in der Luft. Es dauerte ziemlich lange, bis der Neue sehen ließ, was doch alles in ihm steckte und was er hinter seinem provinziellen Gepoltere und Gestammele verbarg: nicht bewusst, einfach aus seiner Natur heraus, die so anders war als die des schneidigen Vorgängers, aber unter dem Gesichtspunkt der Machtpolitik viel effizienter. Er blieb ja doppelt so lange Bundeskanzler wie der Hamburger. Nein, das hätte ich mir anfangs auch nicht träumen lassen. Ich sah ihn in Gedanken schon scheitern. Der »Spiegel« baute gar Lothar Späth, den dünnhäutigen baden-württembergischen Ministerpräsidenten, als möglichen Nachfolger auf. Und Heiner Geißler, der CDU-Generalsekretär – einst von Kohl groß gemacht und zum Sozialminister in Rheinland-Pfalz berufen –, lästerte in einem Interview mit mir hinter dem Rücken seines Mentors, das sei doch unerhört in der Union: der Kanzler, statt Zugpferd zu sein, hinke in den Umfragen hinter der Regierungspartei her. Es schien ausgemacht, dass er nicht mehr lange durchhalten würde. Und dann kam alles doch ganz anders.

Eine allererste Lektion über Kohls besondere Fähigkeiten erhielt ich während einer Folge von Gesprächen zu seiner Person, die wir führten, weil ich für die Deutsche Verlagsanstalt ein Buch mit Aufsätzen über die neue Regierung zu verfassen hatte. So etwas von einem zugeneigten Mächtigen war mir bis dahin noch nicht begegnet. Obwohl manche Interviewpartner es spürbar goutierten, von einer jungen Frau ausgefragt zu werden – gerade in der Männerdomäne Politik, wo weiblicher Journalismus lange Zeit wirklich als so etwas wie ein Alleinstellungsmerkmal galt –, konnte man sich mit diesem Kanzler ganz besonders gut und wie selbstverständlich austauschen. Ich war überrascht. Zunächst, weil ich nicht auf der anderen Seite seines Schreibtisches sitzen musste und wir uns stattdessen am Rauchtischchen gewissermaßen auf Augenhöhe gegenübersaßen. Dann fragte er doch tatsächlich nach dem Woher und Wohin – ein Bundeskanzler, der Fragen stellt! –, bekannte auch, dass er sich mit den Menschen aus dem südlichen Deutschland viel besser verstünde als mit den Nordlichtern, erzählte rückhaltlos aus seinem politischen Leben und ließ auch die Niederlagen nicht aus. Jene, zum Beispiel, als er anno 71 auf dem Saarbrücker Parteitag den Wettstreit mit Rainer Barzel um den CDU-Vorsitz verlor. Und dann, was ihm tatsächlich lange Jahre auf der Seele lag, ein Abstimmungsirrtum, ebenfalls 1971, auf dem Düsseldorfer Parteitag. Weil er zu spät gekommen war und nicht richtig aufgepasst hatte, stimmte er aus Versehen gegen ein Papier zur Mitbestimmung, obwohl er eigentlich dafür war. Er empfand es als seine »schwerste innerparteiliche Niederlage«, für die er sich selbst verantwortlich machte.

Wir wurden nicht fertig mit all dem Erzählen in einer ersten Runde. Er hängte eine zweite an. Und eine dritte gab es auch noch, was er als »eine Art Liebeserklärung« deklarierte. Ich nahm das nicht ernst, begriff, dass er mich einwickeln wollte. Doch er tat es geschickt, ein jedermännischer Kommunikator, der just in dieser Weise auch mit allen Einflussreichen in seiner Partei verfuhr. Das war seine Basis: seine Begabung zur Zuwendung, zur Nähe, etwas Schulterklopfendes, aber mit Aura. So besuchte er gerne einen der damals einflussreichsten Chefredakteure im süddeutschen Raum, Ulrich Wildermuth von der Südwestpresse, und ließ sich von dessen Ehefrau einen ganz besonderen Apfelkuchen backen, von dem er – die spätere Reue eingeschlossen – jedes Mal mindestens eine Hälfte verzehrte. Auf diese oder ähnliche Weise beglückte er auch die Leute an den Schaltstellen seiner Partei, saß mit ihnen in der Wohnküche, lobte Kochkünste, befeuerte die Funktionäre mit Anrufen und der Nachfrage, wie es denn der kranken Ehefrau gehe. In solchen Sachen war er eben viel raffinierter als Helmut Schmidt. Der wurde von seiner Partei schließlich im Stich gelassen. Helmut Kohl aber hatte seinen Laden im Griff. Und wer es nicht wusste, konnte es auf dem CDU-Parteitag in Bremen im Sommer 1989 erleben.

Ein paar Frondeure, darunter vorweg Lothar Späth, Rita Süssmuth und Heiner Geißler, wollten ihn, der vielen schon als gescheitert galt, stürzen. Darauf waren wir Journalisten auch allesamt eingestellt. Doch das Vorhaben misslang gründlich. Am Ende wurde Lothar Späth nicht mehr ins Präsidium gewählt und Heiner Geißlers siebzehnjährige Herrschaft als Generalsekretär nahm ein abruptes Ende. Helmut Kohl hatte alles vorbereitet. Er schasste Geißler und erhob Volker Rühe zu dessen Nachfolger. Lothar Späth saß so blass und zerschmettert auf seinem Platz wie ich ihn erst zwei Jahre später wieder sah, als er wegen der Traumschiffaffäre von seinem Amt als Ministerpräsident zurücktreten musste. Obwohl er krank war und schreckliche Schmerzen aushalten musste, hatte der Kanzler seine Machttalente vorgeführt und bis zum Schluss des Parteitags ausgeharrt.

Was noch in ihm steckte, erfuhren die Deutschen am 18. Dezember 1989 in Dresden, erfuhren auch wir aus dem journalistischen Begleittross einer Reise, die vorher nach Budapest geführt hatte, ganz unmittelbar. In Dresden sollte der Bundeskanzler mit dem Ministerpräsidenten der DDR zusammentreffen, dem als Reformer geltenden Hans Modrow. Die Stadt war in Aufruhr, die Stadt kochte. Schon am Abend vor der Kanzlervisite – wir Journalisten hielten uns schon in Dresden auf – sammelten sich Hunderttausende zu einer Demonstration. Wie Lemuren tauchten die Leute aus den dunklen Gassen und vor der eingeschwärzten Schlossruine auf, entzündeten Fackeln, hielten Transparente hoch, auf denen »Deutschland einig Vaterland« geschrieben stand. Vom Turm der Hofkirche herab läuteten die Glocken. Plötzlich waren wir keine Beobachter mehr, wir wurden mitgerissen, gehörten zu diesen Dresdnern, fühlten mit ihnen, weinten mit ihnen, waren vollkommen überwältigt.

Wo man auch hinschaute, flossen die Tränen. Alles was gewesen war, brach in diesem Moment auf, der deutsche Absturz in die Barbarei, der Untergang Dresdens am 13. Februar 1945, der Schmerz über die Millionen Toten, über die Zerstörung und Trennung dieses einst schönen Landes namens Deutschland und die Sehnsucht danach, wenigstens einen Teil davon zurückzugewinnen. Wie selbstverständlich schwammen wir Journalisten mit im Meer dieser patriotischen Emotionen, im Zug, der sich über die Augustusbrücke – damals trug sie noch den DDR-Namen Dimitroffbrücke – ans andere Ufer der Elbe ergoss und über die Carolabrücke wieder zurück in die Stadt. Wir waren ein Leib, ein Fleisch. Es war so etwas wie die Geburtsstunde der Wiedervereinigung, nur wusste das noch keiner. Aber ahnen konnte man es schon.

Zuvor hatten uns Passanten auf der Straße erzählt, wie pleite die DDR sei, dass keine Ersatzteile mehr geliefert würden, dass die Produktionen stillstünden. Wir müssten wieder zusammengehen, sagte mir ein Ingenieur voller Inbrunst, die Einheit müsse kommen, und zwar schnell, etwas anderes sei gar nicht denkbar. »Nu mal langsam mit die Pferde«, ging mir durch den Kopf. Ich konnte das nicht für möglich halten, nach all den Ost-Erfahrungen, die wir gemacht hatten. Und dann, am nächsten Tag, vor der Ruine der Frauenkirche, war das Undenkbare doch näher gerückt. Helmut Kohl hielt die wichtigste Rede seiner Amtszeit, eine unglaublich geschickte Rede, in der es ihm gelang, die aufgepeitschten Gemüter zu beruhigen und doch auch die Hoffnung nicht zu ersticken. Er fing die Stimmung auf, versammelte die Kraft, die ihm entgegenströmte, bei sich und verwandelte sie in ein Vertrauen auf die nahe Zukunft. »Liebe Landsleute«, rief er den Dresdnern zu, »mein Ziel bleibt, wenn die geschichtliche Stunde es zulässt, die Einheit unserer Nation.« Man konnte gar nicht anders, man musste ihm glauben. Es war der Moment – und jeder, der dabei war, hat es gespürt –, in dem der viel geschmähte, vermeintlich provinzielle Pannenkanzler zu einem äußerst erfahrenen und glaubwürdigen Staatsmann mutierte.

Aber natürlich war er zu alledem immer noch der alte Helmut Kohl.

Die Spendenaffäre legt davon Zeugnis ab. Doch was, sub specie aeternitatis, wiegt diese Affäre, in der es am Ende nur noch darum ging, den Namen des Spenders von einer Million Mark zu nennen, den es vielleicht gar nicht gab? Der Kanzler der Einheit wird überleben. An ihn wird man sich erinnern.

Eine kleine Stadt am Rhein

Eine schönere Zugreise gibt es in Deutschland nicht. Am Rhein entlang, von Bingen bis Koblenz zwischen Bergen und Burgen, das gleißend-strahlende Wasser zur Seite, die Landschaft mal im Sommergrün, mal goldglühend im Herbst, mal winterweiß, die Luft klar oder diesig, der Himmel blau oder verhangen: immer wieder ist alles anders, alles neu und ein Genuss ohnegleichen. Der wurde einstmals noch gesteigert, wenn man im Speisewagen einen Fensterplatz eroberte, um ein klassisches deutsches Frühstück zu sich zu nehmen, mit Vollkornbrot und knusprigen Brötchen, mit weichem Ei, Salamiwurst, zwei Scheiben Käse und einem Döschen Marmelade. Was will der Mensch mehr? Dann durfte es Mittag und Bonn werden.

Am Bahnhof erwartete einen ein ungewohntes, ein anderes Licht, etwas fahler, etwas weißlicher als in Süddeutschland. Vielleicht lag und liegt es an der besonderen Atmosphäre in der Kölner Bucht. Aber vielleicht habe ich das auch nur so empfunden, weil nun – nach einem letzten Blick auf den idyllischen Bahnhof – die Arbeit begann. Jetzt hieß es alles wahrnehmen, alles aufnehmen, alles aufschreiben, sich konzentrieren auf die Menschen hier, auf ihre Aufgaben, auf ihre Antriebe, auf ihre Vorhaben. Freundlich sein, Fragen stellen, jede Minute nutzen, keinen Augenblick versäumen. Also hinein ins Taxi und Richtung Tulpenfeld gefahren, eine ziemlich öde Fünfziger-Jahre-Gegend, dorthin, wo die Macht hauste. Und was anderes als Trubel, Geschäftigkeit, Großmannsgetue, Menschengedränge, Autostaus und Polizeiwachen hätte man dort vermutet? Die Unruhe, welche den Machtbetrieb am Laufen hält, tobte sich hinter den Mauern aus. Sie fand sich im Kanzleramt, im Bundeshaus, in den Pressebüros an der Dahlmannstraße und ein bisschen weiter weg, im Auswärtigen Amt, auf der Hardthöhe beim Verteidigungsminister und in der Graurheindorfer Straße,

Bundeskanzler Helmut Schmidt und sein Regierungssprecher Klaus Bölling »briefen« die mitreisenden Journalisten auf dem Flug zu einem Staatsbesuch in Lateinamerika. Auch die Autorin (an dritter Stelle rechts neben dem Kanzler) muss höllisch aufpassen beim Mitschreiben. Laptop und Smartphone sind noch nicht erfunden.

wo das Finanzministerium seinen Platz hatte. Doch im Zentrum des hauptsächlichen Geschehens, im Viereck zwischen Heuss-Allee, Dahlmannstraße und dem Rhein herrschte Villenatmosphäre. Niedrige Zweifamilienhäuschen, weiß, vollkommene Ruhe drum herum. Blumenbüsche, kleine Rasenstücke. Junge Mütter mit Kinderwägelchen hätte man hier vermutet und Väter, die frühmorgens an der Haustüre der Liebsten einen Abschiedskuss auf die Lippen drücken, bevor sie zur Arbeit gehen. Das sollte die Hauptstadt eines bedeutenden Industrielandes sein? Überall leere Gassen, nur ab und an ein eiliger Kollege. Aber dann, vom Bundeshaus kommend, man traute seinen Augen kaum, konnte ein einsamer, noch vergleichsweise junger Bundesminister für wirtschaftliche Zusammenarbeit daherschlendern, die Aktenmappe unterm Arm, Erhard Eppler hieß er, zu jener Zeit noch im Schmuck einer braunen Lockenpracht, freundlich schwäbisch ein Grüß Gott zur anderen Straßenseite sendend.

Er war hier, um zu regieren – wenn auch nicht mehr lange, weil er sich mit Helmut Schmidt überwarf –, ich aber kam nach Bonn als Reporterin mit dem unverstellten Blick, mit der Neugier der nur gelegentlich Zugereisten, mit dem taufrischen Interesse, völlig frei von der Blindheit der Gewöhnung und nicht abgelenkt von den drängenden Aufgaben des Tages. Und ich war eine Frau. So viele Nachteile mir das normalerweise einbrachte und schon eingebracht hatte, so sehr war es in dieser Männerwelt auch von Gewinn. Ich wurde vorgelassen, und man gab mir ordentliche Antworten. Ich schaute ihm – und meistens war es ja ein Er – tief in die Augen, fragend, freundlich, Brücken bauend, mein Interesse an seiner Person hinüberreichend, ihn aufs gefährliche Terrain der entlarvenden Aussage lockend, ihm einen Blick in seine Seele abluchsend. Er sollte seine Triumphe und seine Ängste preisgeben, seine Masken ablegen, sollte mir offenbaren, wie er tickt. Meistens gelang das. Und wo es nicht gelang, weil die Chemie zwischen mir und dem Interviewten partout nicht stimmen wollte, da blieb mir immerhin die Möglichkeit zu beschreiben, warum und wie sehr dieser Mensch von seinen Blockaden behindert war.

Was ich später an der Schreibmaschine daraus machte, aus den Beobachtungen, Materialsammlungen und Aussagen in Interviews, entsprach – so legte ich mir das zurecht – am ehesten der Arbeit eines Bildhauers an einer Büste: das Wesentliche finden, das Charakteristische herausmeißeln, diesen Menschen verstehen und das Verstandene treffend, packend beschreiben. Kam es bei den Beobachtungen und Gesprächen darauf an, eine Nähe herzustellen, so war beim Schreiben, beim Zusammenfügen der einzelnen Teile, beim Suchen nach einer Generallinie der jeweiligen Figur, Distanz geboten. Es galt, eine Wahrheit herauszuklamüsern. Aber keine Frage, es würde trotz des Abstands immer meine persönliche, freilich niemals eine parteipolitische Wahrheit sein. Es war mein Blick auf die Person, der sie journalistisch lebendig werden ließ. Eine schwierige Gratwanderung. Die Porträtierten waren nicht durchweg begeistert. Und ohne gehörige Zweifel bei mir selbst ging es auch nicht ab, nicht ohne tausend Korrekturen und den zeitraubenden sprachlichen Feinschliff. Ich bin keine Schnellschreiberin, und für die reine Routine war ich mir immer zu schade. Unter zeitlichem Hochdruck, zum Beispiel auf Reisen, konnte es jedoch auch ein bisschen flotter gehen. Noch jedes Stück ist rechtzeitig fertig geworden. Aber erst wenn ich mit einer Arbeit ganz zufrieden war, wenn der Text im richtigen Rhythmus schwang, wenn er sang – erst dann gab ich ihn aus der Hand, und sei es, dass ich morgens um vier aufstehen musste.

Schließlich ging es schon lange nicht mehr um die Telefonzelle von Zazenhausen, sondern um Menschen. Und es ging um Macht, um die Frage, was sie denen bedeutete, die sie innehatten, wie sie ihr Amt gewannen, wie sie sich darin bewährten, ob sie nur an sich oder auch an die Gemeinschaft dachten, ob sie die Abgründe, die da lauerten, wahrnahmen oder sich davon faszinieren ließen. Im Orkus verschwunden also mein Jugendtraum vom bunten Feuilleton aus Paris, von Theateraufführungen, Konzerten und bedeutenden Leuten zu berichten. Abgelegt. Entschwunden. Die Politik vor allem hier zu Hause zu beobachten, sie sozusagen im Visier zu behalten, das war jetzt mein Metier – und dies gewiss nicht aus Zufall. Nicht nur wegen des Faszinosums Theodor Eschenburg, der solches Interesse vermittelt hatte, sondern mindestens ebenso wegen der Geschichte meiner Familie, die so traurig verlaufen war, weil der Jahrtausendverbrecher Adolf Hitler die Weimarer Republik in eine totalitäre Diktatur verwandelt hatte. Ich wollte helfen aufzupassen, dass so etwas in Deutschland nie wieder geschehen könnte. Deshalb stand die Frage, wie die Regierenden und Opponierenden mit der Macht umgingen, immer im Vordergrund.

Wie verändert die Macht diejenigen, die sie ausüben? Wer hat den Hang, sie zu missbrauchen? Welche Spielregeln können den Missbrauch verhindern? Und wie ist es möglich, demokratische

Spielregeln zu umgehen? Von den Antworten auf solche Fragen hängt ab, wie frei eine Gesellschaft leben kann. Es gilt also, aufmerksam zu sein. Denn auch nach Hitler sind die wahnhaften Cäsaren nicht ausgestorben. Auch nicht die Parteien, die sie stützen. Sogar in einer altehrwürdigen Demokratie wie den USA, der ältesten in der Neuzeit, konnte ein unberechenbarer Mann, der unflätige Donald Trump, gewählt werden. Und selbst in der Europäischen Union ist nicht ausgeschlossen, dass einzelne Führungspersonen oder Parteien versuchen, die Kontrollen außer Kraft zu setzen. In Ungarn übt sich Viktor Orbán darin, die Pressefreiheit einzuschränken; in Polen sägen die Gefolgsleute des nationalistischen Parteiführers Kaczynski an den Stühlen der Verfassungsrichter. Macht neigt nun mal zum Machtmissbrauch. Und absolute Macht, Recep Tayyip Erdoğan führt es geradezu exemplarisch vor, neigt zum absoluten Missbrauch.

Sogar in Bonn gab es Personen, die sich einiges herausnahmen und die versuchten, die grundgesetzlich fundierten Spielregeln des politischen Lebens bisweilen recht eigenwillig auszulegen. Hermann Höcherl etwa, letzter Innenminister der Adenauerjahre, später Landwirtschaftsminister in Kiesingers Großer Koalition, verstieg sich anlässlich eines Verstoßes gegen das Telefongeheimnis durch den Bundesverfassungsschutz zu dem im Nachhinein fast geflügelten Wort: die Beamten könnten doch nicht ständig mit dem Grundgesetz unter dem Arm herumlaufen.

Keiner geriet hier jedoch ähnlich in den Sog der Versuchungen der Macht wie Franz Josef Strauß. So bullig und rücksichtslos wie er im Fernsehen in Wort und Bild auftrat, so schien er auch in seinen Ämtern zu agieren. Rudolf Augsteins »Spiegel« tat einiges dazu, dieses Image in der Öffentlichkeit zu festigen. Man wusste, dass der Bayer gerne zu viel trank. Er galt menschlich als unbeherrscht, in Finanzdingen nicht sauber. So war er sein eigener Feind auf dem Weg ins Kanzleramt. Er setzte sich für eine atomare Bewaffnung der Bundeswehr ein, was für die Mehrheit der Bevölkerung ein Schrecken war. Er ließ den »Spiegel«-Journalisten Conrad Ahlers, der die Bundeswehr in einem Artikel als nur »bedingt abwehrbereit« eingestuft hatte – so der Titel eines Artikels – willkürlich in Spanien verhaften. Er belog das Parlament, brachte seinen Kanzler Adenauer, der zuvor von einem Abgrund von Landesverrat gesprochen hatte, in Schwierigkeiten, brachte uns Studenten und manchen Professor mit uns als Demonstranten auf die Straße. Das war ein paar Jahre vor 68.

Unter Kiesinger kam Strauß als Finanzminister zurück nach Bonn. Er war wieder interessant, schien derweil auch ein bisschen weniger gefährlich. Ich war sehr begierig, ihn einmal näher anschauen zu können. Als er längst Ministerpräsident in Bayern war, gelang es mir, einen Termin bei ihm in der Staatskanzlei zu ergattern. Und natürlich fuhr ich mit allen seit der »Spiegel«-Affäre erworbenen Vorurteilen im Gepäck nach München. Gerade war er in Bonn im Wahlkampf gegen Helmut Schmidt grandios gescheitert, wir schrieben das Jahr 1980, weshalb er sich nun endgültig und ausschließlich als bayerischer Löwe verankert sah. Es blieb halt trotz allem dabei, er galt als der Buhmann der Republik. Die meisten Deutschen trauten ihm alles Schlechte zu. Das war gewiss übertrieben. Mit Sicherheit kann man freilich sagen: Mit so einem Charakter könnte heute keiner zum Bundesminister oder Ministerpräsidenten aufsteigen. Vielleicht verhält sich das politische Personal daher heutzutage um ein Quäntchen moralischer, aber entschieden langweiliger sind diese Leute auch.

So erlebte ich auch Franz Josef Strauß als schiere Überraschung. Er residierte in einem Riesenbüro mit einem Riesenschreibtisch und Schnörkeln an Bildrahmen und Mobiliar. Zwischen all dem Pomp wirkte er klein. Das Stierhafte an ihm beschränkte sich auf den Oberkörper, auf die hochgezogenen Schultern, den tief darin sitzenden mächtigen Schädel. Das oben Breite verlor sich nach unten trichterhaft in etwas schmales Männchenhaftes. Auch schien er mir eher selbstmitleidig als aggressiv gestimmt. Die beständigen, oft wöchentlichen Angriffe des »Spiegel« hatten Spuren in seiner offenkundig empfindlichen Seele hinterlassen. Man hatte ihm Unrecht getan, ihm Übles nachgesagt, ihn nicht zum Bundeskanzler gewählt, wozu er doch berufen gewesen wäre. Etwas Paranoides blitzte immer wieder auf im Verlaufe unseres Gesprächs, gleichzeitig argumentierte er geistvoll und warf mit lateinischen Zitaten um sich, brillierte mit seiner Bildung, zum Beispiel mit dem auch Caligula zugeschriebenen Lieblingszitat: »Oderint dum metuant« – sollen sie mich hassen, solange sie mich nur fürchten, was ich ihm im Übrigen nicht geglaubt habe. Denn natürlich wollte er geliebt werden. Eine unvergessliche Stunde. Der angedeutete Handkuss zur Begrüßung und beim Abschied verblüffte vollends. Charmant, charmant. Das war er eben auch.

Legendär waren seine Redeschlachten im Bonner Parlament mit Helmut Schmidt, als es um die atomare Bewaffnung der Bundeswehr ging. Aber Schmidt, der Technokrat, war historisch gesehen dann doch nicht der wahre Antipode von Franz Josef Strauß. Das war Willy Brandt. Galt jener als der schlechthin Böse in der Geschichte der Bundesrepublik, so Brandt als der schlechthin Gute. Nicht Helmut Kohl, wie Strauß vermutete, sondern ihm, Brandt, fehlte allerdings so manches für das Amt des Bundeskanzlers, vor allem die Freude und das Talent, die Macht zu handhaben, erst recht die Neigung, sie zu missbrauchen. Der Kanzler bade gern lau, bescheinigte ihm der Parteifreund und SPD-Fraktionschef Herbert Wehner durchaus zutreffend, der es sich strenger gewünscht hätte. Und wenn ich mit Politikern aus Baden-Württemberg während Brandts Regierungszeit im Zug nach Bonn fuhr – darunter auch der nicht sehr bedeutende, aber sehr kommunikative Staatssekretär Ernst Haar aus dem Verkehrsministerium –, so wollten die Klagen über des Kanzlers Unfähigkeit, sein Kabinett zu führen, Diskussionen zu leiten, Entscheidungen schnell voranzubringen, gar nicht aufhören.

Trotzdem hat er etwas für Deutschland Existenzielles vorangebracht: die Ostpolitik. Aber hätte er dieses Ziel auch ohne Egon Bahr und die sehr engagierte Scheel-FDP gleichermaßen erreicht? Ja, ja, der Kniefall! Aber das war ein symbolischer Akt, fast gleichzeitig mit der Unterzeichnung des deutsch-polnischen Vertrags, da lag die praktische Arbeit schon hinter den Verantwortlichen. Schmidt wirkte über die Klarheit seines Verstandes, Willy Brandt war ein fast magischer Gefühlskanzler. Er hatte Charisma, er verfügte über wirkungsmächtige Gesten, und ihm fielen Worte ein, die man niemals mehr vergisst. Oder gibt es von Helmut Schmidt etwas Vergleichbares wie Willy Brandts im Angesicht des Mauerfalls spontan geäußerten Satz: »Jetzt muss zusammenwachsen, was zusammengehört«? In solchen Worten und Zeichen war er größer als der Macher Schmidt.

Zweimal nur erlebte ich Willy Brandt aus der Nähe. Einmal unmittelbar nach seinem Rücktritt. Er kam als Parteivorsitzender der SPD nach Stuttgart, gab eine Pressekonferenz, in der es, wenn ich mich recht erinnere, um Nord-Süd-Fragen ging, und ich konnte mich des Eindrucks nicht erwehren, dass er erleichtert war. Er wirkte gelöst, fast heiter, befreit. Endlich auf einem Pfad, der ihm gemäß war. Kein gejagter Regierender mehr, dafür aber ein Weltweiser, Weltdenker, Visionär einer menschlicheren Zukunft. Das andere Mal kam ich in die Parteizentrale der SPD, die Bonner »Baracke«, zu einem schwer erkämpften Termin kurz vor seinem Rücktritt vom Parteivorsitz. Da war er, obwohl noch nicht krank, doch schon nicht mehr ganz von dieser Welt. Erst schaute er durch mich hindurch, als sei ich ein Glas Wasser, dann reichte er mir eine Hand, so schlaff wie ein Küchenlappen. Niemals zuvor oder danach habe ich eine solche Kraftlosigkeit zur Begrüßung gespürt. Aber vielleicht war es auch nur das Desinteresse, das er auf diesem Wege – ganz ohne böse Absicht – zum Ausdruck brachte. Es geschah halt.

Willy, der Womanizer? Ich war offensichtlich nicht sein Typ. Oder es war eben alles längst vorbei. Seine Bewegungen zeigten schon die puppenhafte Erstarrung alter Männer. Aber dann, als wir seine Rolle in der Geschichte zu betrachten begannen, kam unverhofft Leben in diese in sich selbst versunkene Figur, ging es ihm doch darum, seinen Platz richtig zu verorten und zu gewichten. Er machte mir klar, er, Willy Brandt, sei es, der auf den Sockel gehöre, nicht der tatentüchtige ewige Rivale und Nachfolger Helmut Schmidt: »Ich habe Politik nie als etwas angesehen, das nur mit dem Managen zu tun hat, mit Gesetzen, mit Steuern«, sagte er und schaute mir, mich nun offensichtlich für einen Moment wahrnehmend, sogar in die Augen: »Mein politisches Verständnis ist getragen von moralischen Überzeugungen, wie man den Menschen das Leben etwas leichter machen kann.«

Plötzlich hatte ich einen sehr viel Jüngeren vor mir. Seine Kunstsonnenhaut blühte rosig auf, die Gesten wurden lockerer und er erzählte, warum ihm die staatsbürgerliche Gleichheit und die soziale Sicherheit von heute so viel bedeutete: »Wissen Sie, wenn man so aufgewachsen ist wie ich, in einer Zeit, da die Leute das Gefühl hatten, für sie sei am Tisch der Gesellschaft kein Platz …«

Aber natürlich ist auch heutzutage die Ungerechtigkeit keineswegs aus der Welt, und deshalb schmerzte den ewigen SPD-Vorsitzenden und Chef der Nord-Süd-Kommission der »schreiende Gegensatz« zwischen den übersatten, reichen Gesellschaften auf der nördlichen Halbkugel und dem Elend im Süden, deshalb sah er auch den Frieden immer in Gefahr. Überhaupt stecke etwas Selbstzerstörerisches in den Menschen. Er glaube jedoch »an die Veränderung der Dinge«.

Wie er das sagte, so heiser und irgendwie leidenschaftslos, wahrscheinlich, weil er es schon so oft gesagt hatte, löste sich die Stunde mit dem bedeutenden Mann gegen Ende wieder ganz im Ungefähren auf. Nur die Frage nach dem Friedensnobelpreis setzte noch einmal einen Akzent, lockte ein kleines Leuchten hervor. Ja, dieser Preis sei eine Ermutigung, hauchte er noch zum Abschied, reichte die Fingerspitzen der rechten Hand zu einem kurzen Touché und schwebte hinaus, zurück auf den Sockel. Blutleer. Ein Standbild. Er war sehr weit weg von mir und von der Welt.

Gleich dieser ließen mich etliche meiner vielen Bonner Begegnungen einigermaßen ratlos zurück. Namen, die bis heute unvergessen sind und deren Träger ich vollkommen anders erlebte als erwartet. Da war Norbert Blüm, Arbeits-und Sozialminister, dem kabarettistische Talente nachgesagt wurden und werden, der sich jedoch im Zwiegespräch von unendlicher Langeweile erwies, ein buntbemaltes Gefäß, in dem nur lauwarmes Wasser brodelte, maulfaul, verschlossen. Ich begleitete ihn auf einer Wahlreise durch

Deutschland im Learjet. Doch der Trip gab nichts her. In jeder Ruhepause fiel er auf der Stelle in Schlaf, ein Knopfdruckmensch.

Dann Heiner Geißler, den ich schon aus Tübinger Zeiten kannte, dessen Ego mit den Jahren immer mehr und bis zur völligen Auflösung hinter den jeweiligen politischen Rollen verschwand und zum schieren Polit-Ego mutierte. Ein Musterbeispiel für die déformation professionelle. Den alten Heiner gab's nicht mehr. Den Geißler schon. Immer war er auf Kampf eingestellt, merkwürdigerweise vor allem auch auf den Kampf gegen Leute aus dem eigenen Verein. So schmähte er als CDU-Generalsekretär vor allen anderen Opfern, und geradezu manisch, seinen Kanzler Helmut Kohl. Darin erwies er sich als exemplarisch illoyal seinem Förderer gegenüber, was ja dann auch anno 1989 auf dem Bremer Parteitag der CDU manifest wurde und die durchaus verdienten Folgen hatte, also zu seinem Sturz führte. Doch er blieb eine öffentliche Figur, wandte sich auf seine alten Tage sogar der Protestbewegung Attac zu. Aber das kam nicht von ungefähr. Als Sozialminister in Rheinland-Pfalz hatte

Spannende Auseinandersetzung im Fernsehen für die Reihe »Wortwechsel« des Südwestfunks mit Außenminister Hans-Dietrich Genscher am 15. Oktober 82, unmittelbar nach dem Abschied der FDP von Helmut Schmidt und der Hinwendung zu Helmut Kohl.

er das erste Kindergartengesetz der Bundesrepublik auf den Weg gebracht und als Bundesfamilienminister das Erziehungsgeld erfunden. Er war eben nicht nur ein kämpferischer Konservativer, sondern immer auch ein linker Katholik gewesen und geblieben, umtriebig bis zu seinem überraschenden Tod im Jahre 2017. Dabei hatte man ihn, der in dem Aufruhr um Stuttgart 21 noch einmal eine versöhnende Rolle spielen durfte und den heiligen Heiner vom Nesenbach gab, doch eigentlich für unsterblich gehalten.

Das Gleiche galt für Hans-Dietrich Genscher. Die Republik war ohne ihn einfach nicht vorstellbar. Ich hatte ihn schon in seiner Zeit als Innenminister für die Stuttgarter Zeitung befragt. In späteren Jahren, als er seine Liberalen gerade aus den Armen von Helmut Schmidt befreit und seinem Freund Helmut Kohl angetraut hatte, saßen wir uns vor einer Fernsehkamera gegenüber. Bevor es losging, schauten wir uns lange in die Augen, es war ein Duell der Blicke, nicht ohne unausgesprochene Aggressivität, das ein höchst kontroverses Gespräch verhieß. So verlief es dann auch, bis er mich, auf die Frage, was ihm politisch unter die Haut ginge, völlig überraschte.

»Das Schicksal unserer Landsleute in meiner alten Heimat, der heutigen DDR«, antwortete er mit seltsam rauer Stimme, und die Emotionen, die diese Aussage begleiteten, waren nicht zu überhören. Ich war beeindruckt und hatte von einer völlig unbekannten Seite des Außenministers erfahren. Wie bewegt muss er gewesen sein, als er 1989 in Prag vom Balkon der Deutschen Botschaft aus das Öffnen der Grenze zwischen Ungarn und Österreich verkünden durfte. Es war ja auch nicht zuletzt sein Werk, dass dann die Mauer fiel und die Wiedervereinigung gelang. Da steht er zu Unrecht zurückgedrängt im Schatten Helmut Kohls.

So sachlich angenehm jedes Gespräch mit Hans-Dietrich Genscher ausfiel, so ausgesprochen unangenehm habe ich Oskar Lafontaine in Erinnerung. Keine Ahnung, was Frauen an diesem Mann finden. Auf jede meiner Fragen reagierte er hämisch und paranoid, das fleischgewordene Misstrauen. Ein bisschen wie Franz Josef Strauß, von der nämlichen Krankheit befallen, aber ohne den Charme, ohne die Bildung und die Zugewandtheit des Bayern. Bloß nichts preisgeben, das war sein Credo. Immer austeilen. Er war das Unschuldslamm, ich die Böse, obwohl wir uns noch nie gesehen, geschweige denn miteinander geredet hatten. Mit ihm konnte man kein Gespräch führen. Es wurde sofort ein Gefecht daraus.

Umso heiterer verlief das Treffen mit Alois Zimmermann von der CSU, genannt Old Schwurhand, weil er, wie jedermann wusste, anno 1960, um seinen Christsozialen gegen die Bayernpartei zu helfen, einen Meineid geschworen hatte. Als ich ihn traf, war er immer noch ein Politiker mit dem Image eines Schurken, der sich mittlerweile zu seinem Fehler bekannte, in der Zwischenzeit aber auch eine Menge Meriten eingesammelt hatte und sehr genau wusste, dass man mit sechzig eben ein anderer ist als mit dreißig. Nun also, nachdem die Sünde lange zurücklag, gab er den Innenminister Helmut Kohls in Bonn. Die Hamburger »Zeit« nannte ihn »einen hochintelligenten, soliden politischen Profi, fleißig und effektiv ...« Das waren noch Zeiten! Bonner Zeiten. Vergangen. Verweht.

Von 1972 an gehörte auch Wolfgang Schäuble dazu, von dem damals keiner ahnen konnte, dass er so ewig, so scharfsinnig, so ernsthaft, so mächtig werden könnte. Als ich ihn das erste Mal sah, flitzte er, ein eher kleiner, wendiger junger Mann, durch die Reihen eines CDU-Parteitags, Kohls junger Adjutant, dienend, hilfsbereit, auch gegenüber Journalisten. Wie bitte, Sie brauchen einen O-Ton vom Kanzler? Na klar, wird arrangiert, und siehe, es klappte. Bei der zweiten Begegnung war er schon der Beherrscher, der Chef des Kanzleramtes, der Meister der Geheimdienste, Bundesminister mit besonderen Aufgaben. Aber auch in diesen Rollen sah ich ihn in äußerster Mobilität. Ohne ihn desavouieren zu wollen: Er hatte darin etwas von einem jungen Hund, mit diesen weichen Bewegungen, der Schnelligkeit der Reaktionen. Wieviel Härte sich dahinter verbarg, konnte ich damals nicht erkennen. Und als ein Verrückter ihn anno 1990 während eines Wahlkampfauftrittes niederschoss und zum Rollstuhlfahrer machte, hätte diesem sportlichen Mann kaum Schlimmeres widerfahren können.

Einen Beweglicheren hat es in der Bonner Szene zuvor nicht gegeben. Und nun den Rest des Lebens zur Immobilität im Rollstuhl verdammt. Die ganze Nation hoffte anfangs, dass die Lähmung sich verflüchtigen und er seine Beine wieder spüren würde. Ich glaube, dass sogar sein Mentor Helmut Kohl mit ihm litt, obwohl der den getreuen Paladin später so brutal abmeierte und ihm die Kanzlerschaft, die er ihm zuvor zugesagt hatte, unmöglich machte. Aber lange Zeit war es doch so etwas wie eine Vater-Sohn-Liebe gewesen.

Mit dem Bundespräsidenten Richard von Weizsäcker zu Besuch im Kreml beim Kollegen Michail Gorbatschow. Der kurze Fototermin vor Beginn der Gespräche gibt auch der schreibenden Zunft Gelegenheit, ein paar Eindrücke mitzunehmen.

Schier unglaublich, wie sich Wolfgang Schäuble in dieser Tragödie zu bewähren verstand, wie er sich im Laufe der Jahre als ein Wunder an Kraft, an Geist, an Scharfsinn, an vorausschauender Politik erwies. Es ist, als hätten sich seine körperliche Wendigkeit und

Schnelligkeit in intellektuelle und politische Energie umgewandelt. An ihm kann man studieren, wozu Menschen im Besten fähig sind. Man muss es gesehen haben, wie er vor öffentlichen Auftritten versucht, den Rollstuhl ohne Hilfe auf den richtigen Platz zu bringen, um sich dann darin immer wieder zurechtzurütteln. Man muss diese etwas heisere Stimme, die sich beim Sprechen langsam, aber sicher kräftigt, in natura gehört haben, um zu begreifen, wieviel körperliche Disziplin und Anstrengung er aufbringt, um seine jeweilige Rolle – als Fraktionsvorsitzender, als Parteivorsitzender, als Innenminister, als Finanzminister und nun auch noch als Bundestagspräsident – wie ein Gesunder auszufüllen. Man versteht, dass ihn gerade das brillante Meistern all dieser Herausforderungen auf seinem bewunderungswürdigen Niveau hält. Und man kann sich ausmalen, wie sehr ihn sein undurchsichtiges Handeln während der Spendenaffäre bis heute gelegentlich niederdrückt.

Aber ohne Wolfgang Schäuble wäre der Einheitsvertrag nicht geworden, was er ist. Er war der Verhandlungsführer für die Bundesrepublik. Und ohne Wolfgang Schäuble wäre Bonn, die kleine Stadt am Rhein, womöglich Hauptstadt geblieben. Er war es, der mit einer entscheidenden Rede die Stimmung im Bundestag drehte. Ohne Wolfgang Schäubles badisch-schwäbische Sparsamkeit stünde die Republik finanzpolitisch nicht als europäisches Vorbild da. Dass er dabei nicht immer nett sein konnte, versteht sich von selbst. Doch wenn es so etwas wie einen politischen Leuchtturm in der Politik der Bundesrepublik, ja in Europa gibt, so ist es dieser Mann, der seit 1972 im Bundestag und nun auf dem Stuhl seines Präsidenten sitzt.

In der langen Reihe meiner Bonner Gesprächspartner hat auch ein dicker Mensch namens Martin Bangemann seinen Platz, ein Rechtsanwalt aus Reutlingen, der jetzt Wirtschaftsminister im Auftrag der Liberalen sein durfte. So aufgeblasen, wie er aussah, war er auch. Ich wollte ihn ein bisschen pieksen, wollte ihn verführen, etwas Luft abzulassen. Das sollte im Rahmen einer Fernsehreihe für den SDR geschehen, in der ich Baden-Württemberger zu interviewen hatte. »Unser Mann in Bonn« hieß das Vorhaben – an Frauen hatte niemand gedacht –, und die einzelnen Teile wurden spätabends um

22 Uhr 45 im Regionalfernsehen ausgestrahlt. Doch am Tag der Aufnahme ging alles schief. Das Fernsehteam, aus Bonn angemietet, traf zu spät beim Minister ein, und schon hatte er schlechte Laune. Als wir schließlich anfangen konnten, begann ich das Gespräch nicht mit den sanfteren, sondern den kritischen Fragen. Ich fürchtete, in der späten Sendezeit könnten sich die Zuschauer bei einem lauen Gesäusel ins Bett verabschieden. Meine kleinen Paukenschläge sollten das verhindern. Außerdem war ich überzeugt, der dicke Bangemann habe sicher auch ein dickes Fell und würde die im Grunde ja harmlosen Attacken verkraften. Doch Pustekuchen. Der Dickhäuter entpuppte sich als dünnhäutig. Nach Frage fünf riss er sich das Mikrofon vom Revers, knallte es auf den Boden, schleuderte mir ein »das Gespräch ist beendet, Adieu Madame« entgegen. Und schon war er weg, natürlich nachdem er noch schnell untersagt hatte, auch nur eine Minute des schon aufgezeichneten Gesprächs über den Sender gehen zu lassen. Wir haben uns daran gehalten. Ich bin mir nicht sicher, ob heute, im gnadenlosen Existenzkampf der Medien, so viel Rücksicht noch möglich wäre.

Ist nun Berlin einfach ein größeres Bonn? Mit Sicherheit nicht. Die Idylle ist dahin, die Übersichtlichkeit der Medienwelt auch. Und doch konzentriert sich das politische Leben hier wie da räumlich um das Brandenburger Tor wie früher in Bonn um das Tulpenfeld. Natürlich kann die Berliner Republik nicht wie die Bonner sein. Trotzdem vermochte ich Erfahrungen vom Rhein an die Spree mitzunehmen, mit denen sich arbeiten ließ. In erster Linie waren es die Kontakte zu Regierenden und Opponierenden. Heute würde man sagen, ich hatte ein Netzwerk geknüpft aus entscheidenden Leuten, die ja nicht in Bonn zurückblieben, sondern fast allesamt an die Spree mit umzogen. Zu den Bonner Pfunden zählte aber auch die Einsicht, dass Politik ein schwieriges und schweres Geschäft ist. Ja, man wird belohnt durch die beständige Aufmerksamkeit, durch den Zufluss an Informationen, durch die Möglichkeit, die Welt zu bereisen und hochinteressante Menschen kennenzulernen, durch die Überzeugung, etwas zu bewegen, durch die Gewissheit, immer gefragt, also unendlich wichtig zu sein, was insgesamt den einen oder die andere ja auch richtig süchtig macht.

Aber man braucht eben zudem Sitzfleisch, eine sehr gute körperliche Konstitution, Nerven und nochmal Nerven, die Fähigkeit, Niederlagen zu ertragen und daraus neue Kraft zu schöpfen. Vor allem aber braucht man Geduld. Es ist schon so, wie Max Weber es in seinem berühmten Aufsatz »Politik als Beruf« beschrieben hat: »Die Politik bedeutet ein starkes langsames Bohren von harten Brettern mit Leidenschaft und Augenmaß zugleich.« Im überschaubaren Zirkel der Bonner Macht ließ sich das gut beobachten. Allerdings waren die Bonner Politiker, wie fehlsam auch immer, eine angesehene Kaste. Heute sehen sich ihre Berliner Nachfolger vielfach verachtet und sehr zu Unrecht als »die Politiker« abgetan. Die skandalsüchtige Beobachtung durch die Medien, die mittlerweile massenhaft das politische Geschehen umtoben, tut ein Übriges. Jeder kleine Halbsatz, jeder noch so unbedeutende Fauxpas wird zur Affäre aufgeblasen. Die lieben Kollegen stürzen sich sogar auf das Privatleben, das zu Bonner Zeiten absolut tabu war. Jeder, der es wissen wollte, konnte erfahren, dass Helmut Schmidt einmal eine Geliebte gehabt hatte. Womöglich gar zwei. Aber wer hätte darüber geschrieben?

So viele Opfer, Heroen, Protagonisten, Selbstdarsteller, Maskenträger oder wie man die Personen, die meine journalistische Neugier auf sich zogen, auch nennen mag: Klaus Bölling, der Meister des eleganten Wortes, Helmut Schmidts geschliffener Regierungssprecher und Paladin; Theo Waigel, ein Berg von einem Mann, Wegbereiter des Euro und einer der Redlichsten in der Politik jener Zeit; Manfred Wörner, Kohls Verteidigungsminister und späterer Nato-Generalsekretär. Aber bevor er das alles wurde, zeigte er sich mir völlig aufgelöst und verzweifelt, ja sogar mit Tränen in den Augen. Hatte er doch gedacht, jetzt würde »was Großes«, und nun war es wieder nichts. Wieder kein Amt, wieder keine Macht und nichts als Opposition, was Franz Müntefering zufolge ja »Mist« ist. Das passierte anno 1976, als der pfälzische Helmut in der Bundestagswahl zwar die meisten Stimmen holte, der Hamburger Helmut aber zusammen mit der FDP noch einmal eine Mehrheit ergatterte.

Meine Versuche, einen Platz in einer politischen Redaktion zu ergattern, mit Vorliebe bei meiner verehrten Stuttgarter Zeitung, waren allesamt gescheitert. Die Zeit war noch nicht reif dafür. Oder auch schon überschritten. Wenn schon Konkurrenz für die lieben Kollegen, dann sollte sie doch bitte männlich und ein bisschen mittelmäßig sein. Da wäre man ganz unter sich gewesen. Irgendwann suchte die Stuttgarter Zeitung, für die ich nun schon seit Jahren Reportagen und Politikerporträts schrieb und diese Stücke auf der prominenten Dritten Seite veröffentlichte, einen innenpolitischen Redakteur und fand ihn auch. Seinen Namen habe ich vergessen. Auf Anregung eines Kollegen hatte ich mich auch beworben, doch der Konkurrent bekam die Stelle. Er blieb nur kurz. Man hat nie wieder etwas von ihm gehört, geschweige denn gelesen. Keiner weiß noch, wer das war und wie er hieß.

Doch im Jahre des Herrn 1988 geschah das lang ersehnte Wunder. Ich bekam eine feste Anstellung und wurde Mitglied der Chefredaktion Politik beim Hörfunk des Süddeutschen Rundfunks, für den ich vom Beginn meiner Berufstätigkeit an und ohne Unterbrechung gearbeitet hatte. Allerdings hat mich auch in diesem segensreichen Augenblick niemand um meine Hand gebeten. Ich musste kämpfen. Und dies hier gab den Anlass her: Durch Zufall erfuhr ich eines schönen Tages, dass ein ganz junger Mann, mit dem ich gelegentlich während seines soeben abgeschlossenen Volontariats gearbeitet hatte, nun fest angestellt war und mehr verdiente als ich in meiner Rolle als feste freie Mitarbeiterin. Wäre der Junge ein Genie gewesen, hätte ich mich vielleicht beruhigt. Das war er aber ganz und gar nicht. Journalistisch war er eine ziemliche Null, doch immerhin, er war ein Mann. Das zählte offenbar. Und also ging ich auf die Barrikaden, will sagen: hinauf zum Intendanten Fünfgeld, der mich gerne »meine Chefkommentatorin«

nannte – und half. Endlich hatte ich Erfolg. Man gab mir den Titel »Redakteurin für besondere Aufgaben«. Zu diesen Aufgaben gehörte die Zuständigkeit für eine politische Büchersendung und ein wöchentliches Halbstundeninterview mit prominenten Leuten, aus welchem Metier auch immer. Das bedeutete Möglichkeiten zu reisen, interessante Menschen aufzusuchen und zu begleiten, dazu die einst abgelehnte soziale Sicherheit, alles in völliger Freiheit, Themen und Interviewpartner zu suchen, wie ich es für richtig hielt. Auch hatte ich politische Kommentare für die renommierten Sendungen »Politische Perspektiven« und »Kommentar der Woche« zu schreiben. Das war etwas Neues, und es begann eine wunderbare, wenn auch anstrengende Lehrzeit. Ich hatte viel Arbeit und lebte doch auch in einem journalistischen Paradies, zumal mir das Schreiben für Zeitungen und die Veröffentlichung von Büchern gestattet blieb. Gelegentlich arbeitete ich auch für das Fernsehen, wie bei der oben erwähnten Porträt-Reihe von Abgeordneten aus Baden-Württemberg.

Der Sender sah gerne zu, schließlich profitierte er von meinen außerordentlichen Kontakten, weil sie mir ermöglichten, bekannte Politiker wie den Ex-Kanzler Schmidt oder Wolfgang Schäuble zu den Gesprächen in das damals so genannte Kulturforum einzuladen, eine sonntägliche Talkshow in der Villa Berg, die ich organisierte und moderierte. Bis dahin und darüber hinaus führte ich fort, was mit der Begleitung des Kanzlers Helmut Schmidt begonnen hatte. Ich beobachtete politische Ereignisse, vor allem aber die prominenten Politiker – natürlich nicht immer zur Freude der Bonner Korrespondenten –, sah ihnen bei der Arbeit über die Schulter, begleitete sie im Wahlkreis, folgte ihnen ins Ausland. Für so einen langen Atem fehlte den festangestellten Korrespondenten, die sie doch allesamt das aktuelle Geschehen wiedergeben mussten, zumeist die Zeit. Kaum einer – die Leute vom »Spiegel«, wie Jürgen Leinemann, oder vom »Stern« und der »Zeit« ausgenommen, die ähnlich arbeiteten wie ich –, konnte tagelang und über Wochen hinweg immer wieder mit einem Minister, einem Ministerpräsidenten oder gar dem Bundeskanzler unterwegs sein. Ich konnte es. Ich hatte eine Marktlücke gefunden.

Und ich war in meinem Element, wenngleich beständig unter Stress. Nur Macht hatte ich keine. So geschah es, dass man mir den Samstagskommentar mir nichts, dir nichts wieder wegnahm, nachdem zu viele positive Leserbriefe eingetroffen waren, das Ganze also einen messbaren Erfolg hatte. So etwas passierte immer wieder. Wahrscheinlich widerfährt es Männern auch. Doch die werden dann gleichwohl irgendwann Chefredakteur oder Herausgeber oder Chefreporter. Warum werde ich das nicht? – fragte ich den geschätzten Kollegen und Freund, den leider so früh verstorbenen Herbert Riehl-Heyse von der Süddeutschen Zeitung. »Weil du eine Frau bist«, lautete die prompte Antwort.

Zwei Brüder im Tode

Trotz aller Schwierigkeiten gab es, oft überraschend, doch auch etliche Förderer in meiner Laufbahn: Roderich Klett etwa, Programmdirektor beim Süddeutschen Rundfunk, dazu die Intendanten Hans Bausch und der schon erwähnte Hermann Fünfgeld. Bei der Stuttgarter Zeitung war es ein Vergnügen, für die Chefredakteure Löffelholz und Vorkötter zu arbeiten – jeder von ihnen selbstbewusst genug und an guten Mitarbeitern interessiert. Für eine gewisse Zeit führten mich ihre Aufträge aus dem politischen Metier heraus hin zur Wirtschaft. Natürlich ging es auch hier um Macht. Und doch war alles ganz anders. »Versuchen Sie doch mal, an Alfred Herrhausen heranzukommen«, sagte eines Tages Uwe Vorkötter, damals noch Leiter der Wirtschaftsredaktion der Stuttgarter Zeitung: »Sie schaffen das bestimmt.« Und tatsächlich, ich bekam einen Termin im Glashochhaus zu Frankfurt am Main, beim Sprecher der Deutschen Bank, von dem sich der Kanzler Kohl gern manchen Rat holte. Er galt als der interessanteste Manager jener Zeit, auch sozial eingestellt, ein Mächtiger des Kapitals, der dafür plädierte, den ärmsten Ländern der Welt die Schulden zu erlassen.

Wenn man in seinem Büro im 31. Stock aus den Fenstern, die fast bis zum Boden reichten, hinunter auf Frankfurt schaute, konnte einem schwindelig werden. Sah man sich im Raum um, so erblickte man ein Interieur wie aus einer Zeitschrift mit dem Titel »Schöner arbeiten«. Alles aus Glas und Stahl und in Weiß. Der Schreibtisch poliert und absolut leer. Kein Stäubchen und kein Fitzelchen Papier lagen darauf. Ob der Mann nur mit seinen Gedanken arbeitete? Oder gehörte es zu dieser Art von Macht, stets so sichtbar alles aufgearbeitet zu haben und à jour zu sein? Bestand seine Arbeit aus Reden und Befehlen? So war es wohl nicht ganz. Er bekannte, immer alles schnell wegzuarbeiten. Bis heute kann ich mir nicht erklären, wie das geht, von einem leergefegten Schreibtisch aus, ohne Spuren, Papiere, Bleistifte, Ordner zu hinterlassen, einen so großen Laden am Laufen zu halten. Es musste ein Trick dahinterstecken, oder einen Nebenraum geben, oder vielleicht hatte er alles schnell verschwinden lassen, bevor ich kam. Aber so wichtig war ich doch gar nicht. Rätsel über Rätsel. Und dann diese sehr offene Liebenswürdigkeit. Das war ich von Politikern, die niemals ohne eine gewisse Vorsicht sprachen, nicht gewohnt. Ich war überrascht. Was mich jedoch viel mehr beeindruckte, und was ich mir für meine eigene Lebensführung hinter die Ohren schrieb, waren in allem, was wir besprachen, zwei Aussagen, an die ich fast täglich denke. Er lasse sich von Schönrednern nicht den klaren Blick auf sich selbst vernebeln, sagte der Supermanager. Zuerst müsse er immer vor sich selbst bestehen, müsse mit sich zufrieden sein: »Da kann mich auch kein Applaus täuschen; wenn ich nicht das Gefühl habe, ich war gut, dann können Sie mir noch so viel Beifall spenden.«

Und auch der andere Leitfaden, den ich aus dieser Begegnung mitnahm, scheint mir bis auf den heutigen Tag beherzigenswert für alle, die eine Verantwortung übernommen haben, und vielleicht auch für Herrn und Frau Jedermanns Alltag: man müsse die Dinge immer bis zu Ende durchdenken, bevor man entscheidet. Ein Gesinnungsethiker war er folglich nicht, ein Verantwortungsethiker schon – und doch kein schierer Techniker der Macht, den jedwede Moral kaltließ.

Das Gespräch mit Alfred Herrhausen unterschied sich also deutlich von den Gesprächen mit Politikern, wie ich sie bisher kannte. Er zeigte sich ungewöhnlich offen, was Wunder, er musste ja auch nicht gewählt werden. Abgesehen davon war es auch etwas Neues, dass sich die Öffentlichkeit für die Charaktere von Managern interessierte. Auch für Herrhausen war es wohl ungewohnt – ich würde sagen: angenehm ungewohnt –, von einer Frau nach seinem Werdegang, seiner Entwicklung, seinen Gefühlen gefragt zu werden. Ich hatte den Eindruck, er genoss es. Weshalb wir auch – mit Unterbrechungen – insgesamt fast drei Stunden zusammensaßen, ganz ohne die sonst übliche Begleitung eines Pressereferenten, der jedes Wort aufzeichnete, um es einem, im Falle des Konflikts, unter die Nase zu halten. Und so erfuhr ich nicht nur die Familiengeschichte, angefangen vom Großvater, der noch Metzgermeister war, über den Vater, einen Vermessungsingenieur bei der Ruhrgas AG, bis zum glanzvollen Aufstieg an die Spitze des größten und bedeutendsten Bankhauses der Republik. Herrhausen gab auch seine inneren Befindlichkeiten preis, schilderte die preußisch-prägenden Erfahrungen auf der nationalsozialistischen Begabtenschule, der Napola in Feldafing. Fleißig sei er, vielleicht von daher geprägt, vielleicht auch als Erbe aus seiner Familie und zudem: einfach, unkompliziert, fröhlich, ruhig. An seiner Seite habe er eine Frau – die zweite, die erste habe einen anderen Lebensweg gewählt –, die besser nicht sein könne, dazu zwei frische, fröhliche Töchter, also ein glückliches Familienleben. Ein kleiner Kreis von wirklich guten Freunden gehöre auch dazu und ebenso die Abwesenheit materieller Sorgen. Ich dachte, mon Dieu, mancher hat auch alles, und der hier hat es zudem in der glanzvollsten Verpackung, umwerfend gutaussehend, ein Typ wie Alain Delon, aus Samt und Stahl zugleich. Kein Wunder, dass er sich für auserwählt hielt und strahlend verkündete: »Ich bin ein Glückspilz.« Zwei Jahre, immerhin, hielt dieser paradiesische Zustand noch an, eine Zwischenzeit, in der wir uns noch einmal begegneten. Es war ein Zufall und geschah am Rande eines Treffens von Spitzenmanagern in Stuttgart. Als er – für uns beide unvermutet – plötzlich vor mir stand, errötete er wie ein Schulbub. Hatte er zu viel von sich preisgegeben? Bedauerte er, nachdem er mein Porträt gelesen hatte, so offen gewesen zu sein? Wenn dem so war – es würde bald keine Rolle mehr spielen. Im Herbst 1989, als er morgens zur Arbeit fuhr, sprengten Mörder der RAF den Dienstwagen dieses außerordentlichen Wirtschaftsführers in die Luft. Für den Bundeskanzler Helmut Kohl war er das, was Hermann Josef Abs für Adenauer und Karl Klasen für Helmut Schmidt gewesen waren. Mich hat er sowohl mit seiner Menschlichkeit wie mit seinem brillanten Auftreten beeindruckt. Wenige Tage vor seinem Tod fiel die Mauer. Er hätte dem Land noch viele gute Dienste erweisen und womöglich manchen ökonomischen Fehler im Prozess der Wiedervereinigung verhindern können, dieser lebensfrohe und ökonomisch kundige Glückspilz, der für die ideologisch verblendeten Terroristen doch nur eine Charaktermaske des kapitalistischen Systems war.

So offen, so gesprächsbereit, so zugewandt ich Alfred Herrhausen erlebte, so verschlossen gab sich Detlev Karsten Rohwedder, der Vorstandsvorsitzende der Hoesch AG, Herrhausens Bruder im Tode, auch er ermordet von Terroristen der RAF, die bis heute nicht gefunden und nicht zur Verantwortung gezogen worden sind.

Ich musste hart arbeiten, um einen Termin bei ihm zu bekommen. Als es dann so weit war – Jahre bevor er ermordet wurde – zeigte er trotz der Zusage erst einmal keinerlei Lust, über sich und sein Leben Auskunft zu geben. Immer wieder hielt er sich die Hand vor den Mund, vergrub sich auch in seinem Sessel, gerade so als ob der ihm Schutz bieten könnte vor dem Gespräch, dem er so widerwillig zugestimmt hatte. Aber dann begann er doch zu erzählen, berichtete etwa von den Schwierigkeiten, als politikunerfahrener Staatssekretär im Wirtschaftsministerium heimisch zu werden. Anderthalb Jahre hatte es gedauert, bis er mit dem Apparat umgehen konnte, denn eigentlich hatte er sein Berufsleben als freier Wirtschaftsprüfer begonnen. Das alles lag jetzt hinter ihm. Nun hatte man ihn zu den Hoeschs gerufen, um den Laden zu sanieren und dort ein paar tausend Leute zu entlassen. Wieder eine schwere Aufgabe. Wie hält man das aus? Entweder gehen Zehntausend, oder es gehen alle, grummelte er mir entgegen. Das war die Alternative, vor die er sich gestellt sah. Natürlich bereitete sie ihm wenig Freude.

Aber das Gemeinwesen Bundesrepublik war ganz nach seinem Geschmack. Er freute sich an seiner gewollten Schwäche und blühte richtig auf, als er eine Art Glaubensbekenntnis ablegte: »Ich liebe diesen Nachtwächterstaat. Ich liebe es, wenn ich irgendwoher komme, etwa mit der Nachtmaschine aus New York, und wir sind schon um drei viertel sechs Uhr statt um halb sieben in Düsseldorf, und die Passbeamten, die Zollbeamten sind noch nicht da, wir werden also nicht kontrolliert, weil die Frühschicht noch nicht begonnen hat. Ich finde es herrlich, in so einem freiheitlichen Staat zu leben, der von meiner Anständigkeit und Gesetzestreue ausgeht und wo ich als freier Bürger unbelästigt von der Obrigkeit mein Leben führen kann. Das ist eine Nachtwächterei, aber das ist auch charmant und wunderbar.«

Am 1. Januar 1991 wurde Detlev Karsten Rohwedder zum Präsidenten der Treuhandanstalt berufen, der die Privatisierung des Vermögens der Volkseigenen Betriebe der DDR oblag. Eine Aufgabe, die böses Blut machen musste und machte. Rohwedder bekam Morddrohungen. Seine Frau bat die Polizei um besonderen Schutz. Der wurde offenkundig nur unzureichend gewährt. Rohwedders geliebter Nachtwächterstaat – aus welchen Gründen auch immer – tat genau das, was der Treuhandchef an ihm so schätzte. Er tat nichts. Auf den Tag genau vier Monate, nachdem Rohwedder das gefährliche Amt übernommen hatte, traf ihn die Kugel eines Scharfschützen der RAF aus über sechzig Metern Entfernung. Es war schon gegen Mitternacht. Man hatte ihn wohl über lange Zeit gut beobachtet und kannte seine Gewohnheiten. Der Treuhandchef stand gerade im ersten Stock seines Hauses mit dem Rücken zu einem beleuchteten Fenster und gab eine geradezu ideale Zielscheibe ab. Nur im Erdgeschoss waren die Fenster durch Panzerglas gesichert. Mit der oberen Etage hatte man sich Zeit gelassen. Was für eine tödliche Nachtwächterei!

Zwei Brüder im Tode

SO SCHMECKTE DIE DIKTATUR

Es war, als ob am S-Bahnhof Friedrichstraße immer noch eine undurchlässige Mauer gestanden hätte. Und sie bestand ja auch noch, obwohl sie nicht mehr dicht war, aber doch unzweifelhaft das eine Deutschland von dem anderen trennte. Hatte man den Berliner Westen hinter sich gelassen, dazu die nach wie vor bestehende sehr unangenehme und zeitraubende Kontrolle im Innern des altgelb gekachelten Gebäudes passiert, während der man in einem engen kabäuschenartigen Durchlass von unten und oben bespiegelt wurde, um dann Luft holend auf die Straße zu treten, stockte einem gleich wieder der Atem. In dieser gerade zerbrechenden Diktatur roch es völlig anders als am Kurfürstendamm oder in der Schlossstraße zu Steglitz. Hier stiegen einem die Abgase von Zweitaktmotoren in die Nase so wie damals, anno 1947, in ganz Deutschland; hier befand sich der Wanderer in den ärmeren Gefilden seiner Heimat. Es war, wie einst »Zeit«-Journalisten nach einer Reise in die DDR diagnostizierten, ein fernes Land.

Mir schien es, als wirke sich die schlechte Luft oder das abgestandene politische Klima auch auf die Hautfarbe der Menschen aus. Sie waren blass, kamen eher gedrückt daher, irgendwie mitgenommen. Und wie konnte man nur zwei Tage nach dem Fall der Mauer auch schon freudig aufblühen? Noch lebte ja die DDR. Aber alles bröckelte, brach ab, brach ein. Ein junger Mann zog mich gleich neben dem Bahnhof hinter ein ungepflegtes Gemäuer und bot mir an, mich mit seinem Trabi zu den Szenen des Zerfalls zu fahren. So geschah es, für hundert Mark bar auf die Hand. Es wurde eine Reise in die Zerstörung durch ungenutzte Zeit, eine Reise zu toten Fenstern, herabhängenden Balkonen, abgeblättertem Putz, leeren Schaufenstern, herauswehenden, zerfetzten Gardinen, zu den Ruinen des real existierenden Sozialismus, eine Reise in ein graues Land. Drei Tage

in dieser Ödnis, und ich bekam Depressionen, sehnte mich nach Licht, nach Farben, nach Leuchtreklame, nach schmucken Schaufenstern, nach ein bisschen Luxus.

Schon in Dresden hatte ich erfahren, dass man mit dem verschmutzten Wasser, das dort aus den Leitungen kam, besser keinen Tee oder Kaffee kochte. Die Getränke waren ungenießbar. Über Leipzig, das ich Jahre zuvor einmal besucht hatte, hing ein rötlicher Smog von verbrannter Braunkohle. Ich musste an Willy Brandts Wort vom blauen Himmel über der Ruhr denken und daran, wie es dem reichen Westen gelungen war, dieses Ziel wirklich zu erreichen. Dik-

Gleich nach dem Fall der Mauer hat Lothar Späth Kontakte in den Osten geknüpft. Im Juni des Jahres 1990 bedankt sich Michail Gorbatschow mit einem Besuch im Stuttgarter Neuen Schloss.

taturen haben nicht nur menschenfeindliche Methoden. Man kann diese Verachtung auch schmecken und riechen.

Hatten die beiden deutschen Staaten nach dem Krieg gleicher-maßen bei null angefangen, so muss die Uhr in der DDR irgend-wann stehen geblieben sein. Angeblich rangierte das Land ja mit seiner Wirtschaftskraft an 10. Stelle in der Welt. Unbegreiflich, dass weder Besucher aus dem Westen noch Geheimdienste gemerkt haben, dass diese Behauptung mit der Wirklichkeit nicht das Geringste zu tun hatte. Hier war das Hinterwäldlerische zu Hause. Als ich 1991 für drei große Zeitungen – die Stuttgarter Zeitung, den Tagesspiegel und die Rheinpfalz – eine Serie über die Ministerpräsidenten in den neuen Bundesländern zu schreiben hatte, spülte mich die Aufgabe auch nach Mecklenburg-Vorpommern in den Herrschaftsbereich eines sehr kleinen und rührend naiven Mannes. Er hieß Alfred Gomolka und war von Haus aus Meeresbiologe. Um der Journalistin aus dem Westen ein bisschen Stoff für ihre Reportage über eine Kreisbereisung zu bieten – eine Presseberaterin ebenfalls westlicher Herkunft hatte ihm das eingetrichtert –, schlug er eine Fahrt nach Neustadt vor. »Da war ich noch nicht«, sagte er, und los ging's zu einem Kabelwerk daselbst, wo er an der Pforte ausstieg und sich dem diensthabenden Portier vorstellte: »Ich bin Ihr Ministerpräsident, ich möchte das Werk besichtigen.« Natürlich lachte sich der Pförtner einen Ast: »Das kann ja jeder sagen«, schleuderte er dem kleinen Harun al Raschid entgegen, und so standen wir ziemlich lange und bange, bis die Sache geklärt war und wir das Gelände betreten durften. Was wir zu sehen bekamen, nahm uns den Atem. Ich glaube nicht, dass in den Produktionsstätten von Manchester zur Zeit des frühen 19. Jahrhunderts ein ähnlich lebensgefährliches Chaos herrschte wie in dieser DDR-Fabrik: Maschinen, Gerätschaften, Kabel, Werkzeuge, alles lag kreuz und quer, auch auf dem Fußboden, man hätte sich sämtliche Knochen brechen können, wenn man darüber hinweg wollte. Hier war seit gefühlten tausend Jahren nichts in Ordnung gebracht worden. Tja, und den neuen Regierungschef von Meckpomm, eher ein Chefle, kannte auch niemand. Nicht beim Bäcker, wo er nach der Fabrikbesichtigung für alle Mitreisenden ein paar süße Stücke einkaufte und sich ebenfalls, nachdem niemand von ihm Kenntnis genommen hatte und er sich hinten anstellen musste, als neuer Herrscher vorstellte, was zuerst großes Gelächter provozierte, bevor man ihn einigermaßen ernst nahm; auch nicht auf dem Rathaus, wo mittags um vier der allerletzte Beamte gerade die Türe abschloss und bedauernd den Kopf schüttelte.

Aber Hans Modrow, der als Reformer galt, obwohl er in Wahrheit ein richtiger Betonkopf war, – den kannte man schon. Er war der Übergangsministerpräsident der DDR, von nicht frei gewählten Abgeordneten der Volkskammer auf den Schild gehoben, bis dann im März 1990 der frei gewählte Christdemokrat Lothar de Maizière das Ruder für die Monate vor der Wiedervereinigung übernahm.

Doch ob bekannt oder nicht: Alle waren sie ein bisschen naiv und unbefangen im Umgang mit den bösen Buben und Mädchen von den westlichen Medien. Es war eine Lust, sie zu interviewen. Die neue Freiheit öffnete Schleusen. Sie kannten nur den SED-Staat und seine allgegenwärtige Stasi als Gefahr. Die neuen Gefahren sahen sie nicht. Noch sprachen sie also klare deutsche Sätze, von Vorsicht keine Spur, die Verschleierung war ihnen fremd, ebenso Antworten, die mit der Frage nichts zu tun hatten, um Journalisten ruhigzustellen. So erfuhr ich die geradezu exemplarische Lebensgeschichte des Dresdner Oberbürgermeisters Wolfgang Berghofer, der bei den jungen Pionieren eine Heimat gefunden hatte, später in der FDJ aufstieg und als OB von Dresden nicht nur kein Geld für die Stadt, sondern auch nichts zu sagen hatte. Er war der erste Offizielle, der im Sommer 1989 mit den Dissidenten, der Gruppe der 20, im Rathaus redete, also die Zeichen der Zeit erkannte. Sein Verhängnis: Er hatte auch geholfen, das Ergebnis der Kommunalwahlen vom Mai 1989 zu fälschen, was ihm – einem durchaus talentierten und sonst redlichen Politiker – später einen Strafprozess einbrachte und sein Image für immer ruinierte. Ich saß als Reporterin des Süddeutschen Rundfunks in einer dieser Verhandlungen, in der natürlich westliche Staatsanwälte anklagten, der westliche Verteidiger Otto Schily nichts bewirkte und westliche, überwiegend junge Juristen Recht sprachen. Berghofer, als Reformsozialist bisweilen Bergatschow genannt – in Anlehnung an den großen Reformer Gorbatschow –, war der Einzige, der die Wahlfälschung eingestand. Er wurde verurteilt, obwohl es sich hier nicht um freie Wahlen gehandelt hatte. Er hatte also etwas geschönt – aus Gewohnheit? Um in Ruhe an Reformen zu arbeiten? –, von dem jeder wusste, dass es per se verfälscht war. Doch alle Gerichte bis hinauf zum Bundesverfassungsgericht bestätigten das Dresdner Urteil. Ich verspürte einen Hauch von Siegerjustiz.

Aber natürlich war Wolfgang Berghofer ein Mann des DDR-Systems gewesen. 1990 trat er aus der SED/PDS aus, weil er sie für reformunfähig hielt. Die SPD, der er sich anschließen wollte, nahm ihn nicht auf. Auch sonst keine ehemaligen SED-Mitglieder. Im Gegensatz zur CDU, die ihre Parteifreunde aus den Blockparteien nicht abwies, wollte sich die hehre Sozialdemokratie ihre Unberührtheit bewahren. Ein großer Fehler, der sie in den neuen Ländern von Anfang an schwächte und an den Rand drückte. Man hätte sich die Leute ja anschauen können. Mit dem gescheiten, gutaussehenden und umgänglichen Berghofer, zum Beispiel, hätten sie sich einen Talentierten eingehandelt, der schon Kontakte in den Westen pflegte und mit dem Hamburger OB Voscherau befreundet war. Im Falle von Hans Modrow wäre es schwieriger geworden.

Obwohl sie vom Temperament wie von der politischen Einstellung vieles trennte, erschienen die beiden, fast Hand in Hand, im Februar 1990 auf dem World Economic Forum in Davos. Es war die Zeit kurz vor der ersten freien Wahl in der gerade noch lebendigen DDR. Und wie es ein hübscher Zufall so wollte, landeten der DDR-Ministerpräsident Modrow und der Dresdner Oberbürgermeister Berghofer bei der Soirée dieser internationalen Veranstaltung an einem Prominententisch, an dem auch ich saß, weil ich einen der Stuttgarter Unternehmer gut kannte und diese Verbindung für meine Berichterstattung genutzt hatte.

Wunderbar! Die zwei Ostmenschen, die mich im Moment am meisten interessierten, just mir gegenüber. Am nächsten Morgen würde ich ein denkwürdiges Gespräch mit Wolfgang Berghofer führen. Jetzt aber redete er nicht viel, nur Modrow, von dem es doch hieß, er sei so dröge und leidenschaftslos, schüttete sein Herz aus, erzählte in schöner Unbefangenheit von seiner Machtlosigkeit trotz des hohen Amtes, von der Sorge um die Bauern in seinem dahingewelkten Bauern- und Arbeiterparadies und vom vermeintlichen Ausverkauf der

DDR. Ja, ja, das Tafelsilber dieses wunderbaren Pleitestaates. Aber da hatte man die Kabelwerke und Co. noch nicht gesehen. Dann spielte plötzlich die Musi ein schmissiges Lied, und als befänden wir uns auf dem Abschlussball einer gemeinsamen Tanzstunde, sprang Hans Modrow von seinem Platz auf, verbeugte sich brav und führte mich zu einem flotten Foxtrott aufs Parkett. Mein Gott, der Mann kam nicht nur aus einem anderen Land, aus einem anderen System, er kam auch aus einer ganz anderen Zeit. Trotz all der schauerlichen Wirklichkeiten des Unrechtsstaats DDR war hier ein Stück vom alten Deutschland lebendig geblieben.

Wie sollte da zusammenwachsen, was zusammengehört? Das fragten wir uns auch auf einem kurzen Flug von Stuttgart nach Dresden. Ich begleitete Baden-Württembergs Ministerpräsidenten Lothar Späth und ein Trüppchen aus dem Staatsministerium zu einem deutsch-deutschen Treffen der Bertelsmann-Stiftung. Neugierig und zukunftssüchtig wie Späth war, hatte er längst Kontakte nach »drüben« geknüpft. Er kannte Hans Modrow, hielt ihn, soweit ich mich erinnere, für einen Reformer. Darüber, ob er das wirklich sei und was aus ihm und dem Land werden könne, redeten wir uns die Köpfe heiß. Lothar Späth mit seiner Schwertgosch vorweg, hatte auf alles eine Antwort und wurde dann doch nachdenklich: »Alles kann ich mir vorstellen«, sagte er, »aber was geschieht mit der NVA?« Nie und nimmer hätte er geglaubt, was ja in der Tat ans Wundersame grenzt, dass sie der Bundeswehr einverleibt und Teil der Nato werden könnte.

Es kam der Sommer 1990. Die Neugier auf das andere Deutschland trieb uns in den Ferien ins Cliff Hotel nach Sellin auf die Insel Rügen. Hier hatten bis dahin die DDR-Bonzen Urlaub gemacht. Ein Fahrstuhl beförderte die alten Herren zum Strand. Auf den Zimmern fand man Kristallgläser im Schrank. Häkeldecken schmückten das Rauchtischchen, Fransen zierten die Vorhänge. Ein Schwimmbad gehörte zum Haus und einen Friseur fand man auch. An der Wand im unteren Flur durften sich die Gäste an einem Keramik-Mosaik mit der Darstellung werktätiger Männer und Frauen erfreuen. Vielleicht haben die Honeckers und Genossen das als schön empfunden. Und sicherlich war es mehr, als der DDR-Durchschnittsurlauber geboten bekam, der zumeist im Zelt hockte und sich mit den nackten Spaziergängern am Strand über den Mangel an Reisefreiheit hinwegtröstete. Das war als schöne Gewohnheit geblieben. So wehten immer noch die langen Bärte der einst Eingesperrten über den bloßen Männeroberkörpern, und stolz trugen die Herren zur Schau, was ihre Unterkörper zu bieten hatten. Woran sonst konnte man sich hier ergötzen? Diesem Arbeiter- und Bauernluxus haftete etwas Freudloses an. Und drum herum, an der alten Bäderarchitektur, mit ihren Veranden, verzierten Balkonen, Jugendstilfassaden, blühte der Verfall. Im Meer, gleich hinter dem Strand, tobten sich wilde Kerle auf Wassermotorschlitten aus, verpesteten die Luft mit ihren Auspuffen und erzeugten eine nervtötende Geräuschkulisse. Es gab ja niemanden, der das verbieten konnte oder wollte. Der alte Staat war tot, der neue noch nicht etabliert. Abends, wenn es kühl und dunkel wurde, quollen auch noch giftig-stinkende, milchigdicke Rauchschwaden aus allen Kaminen. Braunkohleabgase. So roch die Diktatur.

Dennoch fehlte es nicht an Badegästen. Mit einem Ehepaar aus Suhl saßen wir einen langen Abend zusammen. Abwechselnd und ohne Unterbrechung erzählten sie, was ihnen und anderen vom SED-Staat angetan worden war. Da gab es den Nachbarn, den die Stasi folterte und stundenlang mit nackten Füßen im kalten Wasser stehen ließ, oder den Freund, der nach einem gescheiterten Fluchtversuch mit seiner Familie die schlimmsten Ausgrenzungen erdulden musste. Da war auch der Bonzen-Sohn, der im Suff einen Menschen überfahren hatte und nie vor einem Richter erscheinen musste. »Die haben sich alles genommen«, sagte die Frau, »und alles herausgenommen.«

» **D**u machst das«, bestürmte mich Paul Lersch, der leitende Kollege vom »Spiegel«, »das wird ergiebig. Der Typ ist neugierig auf sich selbst.« Aber ich wollte dieses Buch nicht schreiben, fand den Mann, um den es gehen sollte, zu unseriös, eine Nervensäge, aufgeblasen und womöglich auch nicht zuverlässig demokratisch. Außerdem hatte ich anderweitig reichlich zu tun – mit Kommentaren und Interviews für den Süddeutschen Rundfunk, mit Reportagen und Porträts für die Stuttgarter Zeitung, für den Tagesspiegel oder das Manager Magazin. Deshalb: eine Biographie über Joschka Fischer? Nein, bitte nicht.

Zuerst war Ulrich Volz, der für Sachbücher zuständige Cheflektor der Deutschen Verlags-Anstalt, auf mich zugekommen, dann sprach mich das Haus Econ an, für das ich Ende der siebziger Jahre die Biographie über Helmut Schmidt geschrieben hatte. Die eine wie die andere Anfrage, ausgelöst durch ein Fischer-Porträt auf der Dritten Seite der Stuttgarter Zeitung, wurde dringlichst vorgebracht. Aber schlussendlich machte ich es doch, entschied mich dabei für die Deutsche Verlags-Anstalt, die ja auch zuerst angefragt hatte. Der Delinquent, dem ich nun ein Jahr lang auf den Fersen bleiben würde, sagte ebenfalls zu, sich immer wieder beobachten und befragen zu lassen, und bemerkte zum Abschied des Vorgesprächs: »Mal sehen, ob es Ihnen gelingt, die Zwiebel zu schälen.« Also schärfte ich die Küchenmesser und begann mit der Arbeit. Als sie abgeschlossen war und wir das Buch in Bonn in der Landesvertretung Baden-Württemberg vorstellten, bemerkte er, jawohl, die Zwiebel sei geschält.

Doch erst einmal sah ich ihn mir an, und was ich sah, gefiel mir schon wieder gar nicht. Diese aufgedunsenen Backen, dieses fast weibische Mündchen, dieser Kugelbauch des ja noch jungen Man-

Auf einer Reise mit Joschka Fischer in den Nahen Osten ergibt sich überraschend eine Begegnung mit Jassir Arafat.

nes, den er gewichtig gegen Kohls Breitbauch ins parlamentarische Feld führte. Und dann die überhebliche Art zu reden, die Bedeutungshuberei, die er in seine Knärzstimme zu legen pflegte, die wichtigtuerisch hochgezogenen Augenbrauen – das verhieß mir unerfreuliche Recherchen, schwierige Beobachtungssituationen, zähe Interviews. Es kam aber ganz anders. Eine Zeit größter Überraschungen bahnte sich an.

Zu einem ersten ausführlichen Gespräch trafen wir uns im Restaurant des Bonner Bundeshauses. Fischer führte damals die Bundestagsfraktion der Grünen. Sein Regierungs-Debüt als hessischer Umweltminister unter Holger Börner hatte er schon Jahre zuvor gegeben. Aber dass die Grünen einmal in der Bundespolitik mitregieren würden, konnte man sich in diesem Moment noch nicht so richtig vorstellen. Immerhin lauerte der Gedanke im Hintergrund. Ich wollte also wissen, was dieser Mann dachte, ob er immer noch vorhatte, die Republik zu verändern. Zu meinem großen Erstaunen traf ich auf einen leidenschaftlichen Streiter für das Grundgesetz, einen Verfassungspatrioten. Aber ja, natürlich, den Marsch durch die Illusionen hatte er doch längst hinter sich. Und auf dem Marsch durch die Institutionen war er schon weit vorangekommen. Aber nicht er und Seinesgleichen hatten die Institutionen verändert. Es war genau andersherum gelaufen. Die Institutionen hatten die Welt- und Politikveränderer aufgesogen, hatten sie verwandelt, ja: überzeugt.

Joschka Fischer war ein Mann mit Erfolgen, aber ohne Ausbildung und Schliff, der sich bisweilen als ausgemachter Stiesel zeigte. So konnte er von einem gemeinsamen Arbeitsessen unvermittelt und grußlos aufstehen, natürlich ohne zu bezahlen, schwupp, schon war er weg. Ich weiß nicht, ob er solche Abgänge als Überlegenheitstheater zelebrierte und genoss. Ich Herr, du Magd. Vielleicht wusste er es auch nicht besser. Auf alle Fälle war man düpiert, geplättet, irgendwie gedemütigt.

Ich rief mich in solchen Fällen selbst zur Ordnung, das war eben der Job; man hatte sich ja nicht zum Flirten getroffen, sondern zur Erkundung eines Lebensweges. Und der war, weiß Gott, aufregend genug, weshalb mir bald klar wurde, dass ich nicht an einem der üblichen Sachbücher über einen der üblichen Politiker schrieb. Ich arbeitete an einem Entwicklungsroman.

Die Schule, ein Cannstatter Gymnasium, hatte Joschka Fischer kurz vor der mittleren Reife verlassen, eine Fotografenlehre danach geschmissen und sich mit Leib und Seele in Frankfurt in die Studentenbewegung geworfen. Obwohl kein Student – und ich glaube, er hat es ein Leben lang bereut, wenngleich nie zugegeben, dass er dem Abitur ausgewichen war –, stieg er dort zum Spontifex Maximus, dem sozusagen ranghöchsten Frankfurter Revolutionär auf, was ihm nur gelang, weil er sich so überzeugend wichtigzumachen verstand. Er litt an der Autodidaktenkrankheit. Er wusste nicht nur alles, er wusste auch alles besser. An Kenntnissen steckte wohl nicht gar so viel dahinter, an Intelligenz, Lernfähigkeit und rhetorischer Begabung schon. Er las viel, und er konnte schreiben. Vor allem aber konnte er mit Aplomb eine Bühne betreten und mit seiner knarrenden Stimme reden und reden, dass dem Publikum Hören und Sehen verging.

Bis er entdeckte, was er daraus machen könnte, war er mit seiner Freundin und bald darauf ersten Frau, einer Polizistentochter, die er ruckzuck in Gretna Green geheiratet hatte – den Vater wird's gefreut haben! –, nach Südfrankreich durchgebrannt, wo die beiden in einem abgestellten Eisenbahnwagen hausten und durch Straßenmalereien ein bisschen Geld erbettelten. Das erwies sich freilich als ebenso wenig ersprießlich und dauerhaft wie das, was sie erst einmal Revolution nannten. Die Befreiung davon, also sein Damaskus, die Wandlung vom Saulus zum Paulus, erlebte Joschka Fischer dann, als Leute, die er bis dahin für Glaubensgenossen gehalten hatte, ein Flugzeug entführten und im ugandischen Entebbe die bedauernswerten Reisenden in Juden und Nichtjuden aufteilten. Es war eine Selektion. Deutsche Terroristen exekutierten diese Ungeheuerlichkeit in dem Glauben, sie täten etwas Gutes für die armen, von Israel unterdrückten Palästinenser. Eine Selektion? Das hatten wir doch schon einmal erlebt, die Studentenbewegung war dagegen angetreten, hatte auch der Elterngeneration die schmerzlichsten Vorwürfe gemacht. Und jetzt das? Wieder gegen unschuldige Juden? Da war's vorbei mit dem linken Revolutionär Fischer. Er erkannte den linken Antisemitismus, der sich hinter der Kritik an Israel verbarg. Wohin aber nun mit seinem Elan? Die Rettung kam im Gewand der Grünen, als jüngste Massenbewegung. Eine Ersatzrevolution. Er sprang aufs Trittbrett dieses Zuges der Zeit, und politikerfahren, wie er war, saß er bald im Führerhäuschen, wurde der heimliche Vorsitzende und begann die Partei in Richtung Wirklichkeitsnähe zu verändern. War er mit dem Herzen dabei? Wohl kaum. Deshalb auch kein Messias, wie einst Rudi Dutschke, kein authentischer, sondern ein Gelegenheitsgrüner, und trotzdem eine grüne Eminenz auf Grund seiner politischen und rhetorischen Talente.

Vom Straßenmaler zum Außenminister. Eine so unglaubliche Karriere hatte es bis dahin in der Bundesrepublik noch nicht gegeben. Und natürlich hat er sich zwischen den beiden Extremen seines Lebens immer wieder gehäutet, und immer wieder neu erfunden.

Gelernt hat er nicht auf der Universität, sondern im Leben: als Fabrikarbeiter, als Taxifahrer, als vielfacher Ehemann und vor allem als einer, der von der Politik besessen war. Das war seine

Leidenschaft. Diesem Metier war er verfallen. Er hatte ja nichts anderes. Keine Mittlere Reife, kein Abitur, kein Studium. Aber Erfahrung. Bei seiner Verwandlung vom Steinewerfer zum grünen Realpolitiker handelte es sich freilich nur um eine von vielen Häutungen, die noch folgen sollten. Und vielleicht ist dies das Gleichbleibendste an ihm, dass er die Rollen wechselt wie andere das Hemd – bis hin zu seiner nachpolitischen, der momentanen Rolle als »Consultant« für BMW und andere Unternehmen, mit Hausbesitz im Grunewald. Na, was denn sonst? Erstaunlich, was alles in ein Menschenleben hineinpasst.

Doch erst einmal war er angekommen, war Abgeordneter des Deutschen Bundestags und Fraktionsvorsitzender der Grünen – und hatte doch die alten Revoluzzer-Hüllen noch nicht ganz abgestreift. Ich sah es staunend im Verlaufe eines Gesprächs in seinem Bonner Büro, als sich unverhofft unten auf der Straße eine Demonstration gegen Helmut Kohls Rentenreformpläne sammelte. Da hielt es Joseph Fischer, den Vertreter des ganzen Deutschen Volkes, mit der Macht des Gewählten ausgestattet, als Redner im Parlament geschätzt und gehört, nicht länger auf seinem Stuhl. Demo, Protest, Aufruhr, Straße – das war doch sein Leben gewesen. Also nichts wie hinunter, hinein in den Protest. Vom Fenster aus sah ich ihm hinterher, sah ihn agitieren, mit den Armen fuchteln, sah ihn mitmarschieren. Was für ein Wahnsinn. Was für ein Missverständnis. Es dauerte ein Weilchen, bis ihm aufging, dass er diese Phase doch hinter sich hatte, dass sein Protest ins Plenum und nicht auf die Straße gehörte, dass jetzt die innerparlamentarische und nicht die außerparlamentarische Opposition sein Metier war. Ja, dass er gerade gegen sich selbst demonstrierte. Mit hängenden Schultern kam er zurück. Kein Wort zu diesem Ausflug. Nur dass seine Stimme noch um ein Quäntchen nerviger knärzte als zuvor.

Zu diesem Zeitpunkt war er schon lange nicht mehr der kecke Jüngling, der den Verteidigungsminister Manfred Wörner im Bundestag wegen der Kiesling-Affäre abkanzelte – zu Unrecht, wie sich später herausstellte – und der den Bundestagspräsidenten, Richard Stücklen hieß er damals, ein »Arschloch« schalt. Dazwischen hatten die Grünen bei der Wahl von 1990 im Westen die Fünf-Prozent-Hürde nicht genommen. Erst jetzt, elf Jahre nach ihrem ersten spektakulären Einzug in den Bundestag im Jahre 1983, waren sie wieder da. Und nicht nur seine Partei, auch Joschka Fischer hatte mächtig zugelegt. Das war kurz bevor er sich zum Konfirmanden herunterhungerte, weil seine Frau – die dritte – ihn gerade verlassen hatte und er nun unbedingt in einer neuen Form auftreten musste: »Sie werden sehen«, sagte er zu mir, »in wenigen Wochen bin ich ein ganz anderer. Sie werden mich kaum wiedererkennen.«

So kam es. Und alsbald ward der dünne Fischer geboren, der auch auf Auslandsreisen – etwa nach Israel und in die besetzten Gebiete – Tag für Tag den Schmalhans Küchenmeister sein ließ und gute zehn Kilometer laufen wollte. Auf diese Weise beglückte er den Strand von Tel Aviv mit seiner Anwesenheit. Und als Gast beim Bürgermeister von Hebron aß er nur einen Apfel, statt den köstlichsten Lammbraten aller Zeiten zu genießen. Ich begleitete ihn auf dieser Reise und saß als einzige Frau mit lauter Männern am Tisch. Das hervorragende Essen wurde von den Söhnen des Bürgermeisters aufgetragen. Die weiblichen Wesen, die das gezaubert hatten, blieben auf die Küche einen Stock tiefer verbannt. Bis auf den heutigen Tag tut es mir leid, dass ich mich von dem Geschehen beim Essen faszinieren ließ und nicht aufstand, um die Treppe hinunterzugehen, zu diesen aus der Öffentlichkeit verbannten Frauen, diesen Sterneköchinnen in arabischen Dunkelräumen.

Als einzige Frau war ich mit dem grünen Zampano auch zum Palästinenserpräsidenten Arafat unterwegs, natürlich nicht in der Erwartung, diesen Zwielichtigen selbst zu Gesicht zu bekommen.
    Doch weit gefehlt. An diesem Tag residierte er in Jericho, in einer kleinen Festung. Seine Paladine sprachen von einem Palast, mir erschien der schlichte Betonbau eher wie eine Art Polizeistation. Zwei Schritte, und man war drin, ein paar Schritte mehr, und ich saß zu meiner großen Überraschung neben diesem tattrigen alten Mann, dem Fischer sogleich die Frage stellte, die er hier jedem sei-

ner Gesprächspartner präsentierte – im Westjordanland wie in Israel: »What is the situation?« Nicht sehr originell, aber brauchbar. Ich war an einen Landtagsabgeordneten aus Baden-Württemberg erinnert, der sich während einer Wahlkampfreise bei jeder Begegnung der schwäbischen Version dieser Eingangsformel bediente, nämlich: »Wie goht's, wie lauft's?«

Ja, wie ging es, wie lief es in Palästina? Schlecht, versteht sich. Arafat gab den Leidenden und Fischer mimte den rettenden Engel aus den elysischen Gefilden Europas: »What do you think can we Europeans do?« Und während die beiden so hin- und herplänkelten, musste ich immer wieder auf Arafats weiße Hände mit den dunklen Altersflecken schauen, die in seltsamem Kontrast standen zu seiner militärischen Aufmachung. Ein Dunkelmann, dachte ich, ein Terrorist und doch schon ein Has-been, ein Gewesener, auch wenn er noch im Amt war. Ich glaubte ihm kein Wort.

Was wollte ich mit Joschka Fischer in Israel und den besetzten Gebieten? Ich wollte sehen, wie er sich auf dem diplomatischen Parkett bewegen würde, da doch immer gemunkelt wurde, er habe vor, Außenminister zu werden. »Können Sie sich das wirklich vorstellen?«, fragte mich Berndt von Staden, vormals Botschafter in Washington und Staatssekretär im Auswärtigen Amt, später Pensionär auf dem Leinfelder Hof, in der Nähe von Stuttgart, ein Spitzendiplomat, der schon Helmut Schmidt im Kanzleramt gedient hatte und der inzwischen leider verstorben ist. Ja, ich konnte mir Fischer durchaus in dieser Rolle vorstellen, immer vorausgesetzt, seine Partei würde mitziehen. Und so geschah es in der Tat, auch wenn seine Freunde dem Außenminister Fischer ob seiner Zustimmung zum Nato-Einsatz im Kosovo und der Entsendung von Aufklärungsflugzeugen dorthin auf dem Grünen-Parteitag zu Bielefeld, anno 1999, einen Farbbeutel aufs Ohr klatschten. Dabei hatte er sich doch immer noch einen Rest von Unbürgerlichkeit bewahrt und sein Büro im Auswärtigen Amt zu Berlin mit Terrakotta-Fliesen à la Toskana – man erinnere sich bitte an die Toskana-Fraktion! – ausstatten lassen. Ein innenarchitektonischer Fauxpas ohnegleichen. Das Amt trug es mit Fassung, und die Beamten begrüßten zunächst, dass bei ihnen, nach Klaus Kinkel, dem Spitzenbeamten, wieder ein waschechter Politiker regierte. Dass er gegen Ende seiner Amtszeit ein bisschen größenwahnsinnig wurde, fanden sie weniger lustig. Aber nach sieben Jahren war es dann ja auch genug und vorbei. Er hatte getan, was er konnte. Er hatte unendlich viel gelernt. Er hatte die Grünen so weit zivilisiert, dass sie zuerst parlaments- und schließlich regierungsfähig wurden. Das ist sein historisches Verdienst.

M ein erster Eindruck: Der Mann trinkt zu viel, wovon die rote Gesichtsfarbe und die Tränensäcke unter seinen blitzeblauen Augen künden. Der zweite Eindruck: eine Intelligenz, die einen geradezu anspringt. Steht mir da wirklich der Sohn eines Hilfsarbeiters und einer Putzfrau gegenüber? Diese Eltern müssen Opfer schlimmer Umstände, in ihrer Veranlagung jedoch hochschultalentiert gewesen sein. Nicht von ungefähr wurde die Mutter in der Familie »Löwe« genannt. Von nichts kommt nichts.

Elegant ist er auch, dieser Ehrgeizige, in feinstes, englisches Tuch gehüllt, aufs Ansehnlichste verpackt und von freundlicher Art. Ein richtig netter Kerl. Auf eine selbstverständliche Art selbstbewusst. Um das zu erleben, muss ich allerdings ein bisschen warten.

Zwölf Uhr, in der Staatskanzlei von Niedersachsen, das ist mein Termin für ein Interview mit dem Ministerpräsidenten. Pünktlich finde ich mich ein. Gerhard Schröder kommt eine gefühlte Stunde später. Ehefrau Hillu hat Geburtstag, dem muss er mit einem Umtrunk gebührend Rechnung tragen. Sorry. Tut ihm schrecklich leid. Aber leider blockt das Aufnahmegerät. Panik. Peinlichkeit. Hilflosigkeit. Der Mächtige weiß jedoch Rat, findet den richtigen Knopf, und los geht's zu einem exemplarisch auskunftsfreudigen und aufrichtigen Gespräch. Ich habe es später oft als Lehrmaterial für die Interviewschulung von Volontären beim Süddeutschen Rundfunk verwendet.

Aber nicht nur aus der Klarheit und dem Inhaltsreichtum seiner Aussagen lassen sich Lehren ziehen. Gerhard Schröders ganzes Leben ist eine Schule – eine Schule zum Erlernen des Wesens der alten Bundesrepublik.

So genuin bundesrepublikanisch war sonst keiner seiner Vorgänger. Fast könnte man sagen, in seinem Aufstieg, seiner Beharr-

In der Bonner Vertretung des Landes Baden-Württemberg stellt Gerhard Schröder Sibylle Krause-Burgers Buch über »Die Neue Elite« vor. Der Niedersächsische Ministerpräsident zählt zu den Porträtierten in dieser Sammlung.

lichkeit, seiner Zielstrebigkeit, seiner Begabung zur Nähe, seiner Erdgebundenheit, seiner Kraft verkörpert er alles, was auch sein Land seit dem desaströsen Ende des Zweiten Weltkrieges vorangebracht hat. Er ist ein Bundesrepublikaner wie kein anderer Regierungschef vor ihm. Somit konnte er auch kein waschechter Achtundsechziger werden. Er wollte ja nicht raus aus der bürgerlichen Gesellschaft, er wollte dazugehören.

1944 geboren, ist er der Erste in der Reihe der Bundeskanzler, der den Krieg, die Nazis und die unmittelbare Nachkriegszeit nicht bewusst erlebt hat. Ältere haben noch unter den Bomben oder der Verfolgung gelitten. Seine besondere und ihn formende Leidenszeit, sein Purgatorium aber ist die Armut, in der er aufwächst. Prekäre Familienverhältnisse verschlimmern die Situation. Die Schröders gelten als asozial. Sie leben am Rand der Gesellschaft. Am Wirtschaftswunder haben sie nicht teil, für sie gibt es die Fürsorge. Sohn Gerhard will »da raus«. Und so,

Der am Zaun des Kanzleramtes rüttelte

wie sich Deutschland aus dem Chaos der totalen Niederlage befreit – aus der heute unvorstellbaren Mangelsituation in dem zerstörten Land nach 1945, als es an allem fehlt, an Wohnraum, an Nahrung, an Kleidung, an Energie –, wie es dann langsam aufsteigt, sich nach all den Untaten eine Reputation als ein liberaler, weltoffener Staat in der zivilisierten Welt zurück erkämpft, so arbeitet sich auch Gerhard Schröder fast zeitgleich aus der misslichen Situation seiner Kindheit und Jugend heraus. Die Wege stehen ihm offen, und er geht sie.

Nach einer kaufmännischen Lehre holt er auf dem zweiten Bildungsweg die Mittlere Reife nach, anschließend das Abitur. Er studiert Jura, weil er Anwalt werden will wie sein fiktives Vorbild Perry Mason aus der entsprechenden amerikanischen Fernseh-Serie. Es gibt in seiner Familie ja niemanden, der ihn stützt, der ihn inspiriert, der ihn anregt. Am Ende hat er es geschafft, ist als Anwalt zugelassen, bald auch selbständig und übernimmt aufsehenerregende Mandate wie das des einstigen RAF-Mitglieds Horst Mahler. Daneben erlernt er noch das schwierige Handwerk der Politik, und zwar so gut, dass er später die beiden Rivalen wegdrücken und austricksen kann: den vergleichsweise harmlosen und hölzernen Rudolf Scharping und den brandgefährlichen Oskar Lafontaine, der die Niederlage nie verwindet und aus Frust eine Gegenpartei gründet. Er hat sich wirklich an der Illusion berauscht, dass Schröder unter seiner Ägide Kanzler sein dürfte.

Doch das lässt das Grundgesetz nicht zu. Es will einen starken Bundeskanzler, und Gerhard Schröder bekommt schnell ein Gefühl für das, was Theodor Eschenburg einst die Kanzlerdemokratie genannt hat. Schröder erlebt es so wie es seinen jugendlichen Vorstellungen entsprach, damals als er während seiner Zeit als Vorsitzender der Jusos eines schönen Abends an den Gitterstäben des Bonner Kanzleramts rüttelte, begleitet von den Worten: »Ich will hier rein.« Nun also ist es so weit. Sieben Jahre lang regiert er die Republik. Aber das hat er sich erst einmal einfacher vorgestellt, als es sich dann erweist. Er dachte, so erzählte er mir, die Aufgabe im Bund sei in etwa so wie die in Niedersachsen, vielleicht ein bisschen breiter angelegt, aber nicht grundsätzlich anders. Was für ein Irrtum! Es ist alles völlig anders, und er schwimmt. Die Verantwortung wiegt schwerer, die Interessen der Bundesländer und gesellschaftlicher Kräfte fallen mehr ins Gewicht. Von Außenpolitik hat der Neue bis dahin keine Ahnung. Und so läuft es zum Beginn auch nicht glatt. Der designierte Wirtschaftsminister Stollmann wirft das Handtuch und macht Platz für den versierten Werner Müller. Bodo Hombach, Chef der Administration im Kanzleramt, sorgt für Chaos und muss durch den schon in Hannover erprobten Frank-Walter Steinmeier ersetzt werden. Gerhard Schröder selbst tritt als Reformer an, rutscht dann jedoch erst einmal als Brioni-Kanzler ab – er lässt sich entsprechend gekleidet fotografieren – und findet schließlich doch in der zweiten Legislaturperiode von Rot-Grün zu seiner eigentlichen Bestimmung. Um den Reformstau aufzubrechen, opfert er mit der Agenda 2010 sein Amt dem Wohlergehen des Landes, allerdings nicht aus freiem Willen, und entsprechend unfreundlich tritt er am Wahlabend in der Elefantenrunde des Deutschen Fernsehens der kommenden Regierungschefin gegenüber auf: »Sie wird keine Koalition mit meiner Partei zustande bringen«, mault er, »machen Sie sich da nichts vor.«

Er will Kanzler bleiben, ja, doch nur ein Sozialdemokrat konnte den erstarrten Sozialstaat erlösen, konnte sich derart unbeliebt machen, konnte etwas so Unpopuläres anpacken, ohne auf der Stelle die wüstesten Proteste auszulösen und die Gewerkschaften auf die Barrikaden zu locken. Am Ende erwischt aber auch ihn das Kreuziget-ihn, und Angela Merkel darf nun die Früchte seiner mutigen Tat ernten. Dennoch weiß jeder: Sie hat es ihm zu verdanken. Gerhard Schröder ist und bleibt der Reformkanzler.

Mit so einer Laufbahn im Rücken, aus der Schmuddelecke der Gesellschaft – »das vergisst man nie« – ins mächtigste Amt des Staates, könnte einer mehr als nur ein bisschen größenwahnsinnig werden. Aber wann auch immer und wo auch immer ich Gerhard Schröder erlebte, ließ er nichts anderes als die schönste bürgerliche Normalität erkennen. Vielleicht ist er zu intelligent, um den Boden unter den Füßen zu verlieren. Aber es gehört sicher auch zu seinen ursprünglichen Talenten, dass er stets als er selbst daherkommt. Er ist auch stets bei sich, ist ganz bei sich selbst angekommen, weshalb er, ob seiner russischen Jobs beschimpft, auch aus vollster Überzeugung sagen kann, der Mainstream sei ein Gewässer, in dem er sich noch nie wohl gefühlt habe. Gerhard Schröder tut einfach, korrekt oder nicht, was er für richtig hält, wie schon das Wagnis Agenda 2010 beweist. Er müsse sich nichts mehr beweisen, bekannte er mir gegenüber bereits bei der ersten Begegnung in Hannover. Und er ist ja auch keiner, der schon beim Eintreten einen Raum füllen und alle Blicke auf sich ziehen muss. Deshalb sah ich ihn oft unauffällig am Rande eines Geschehens, bis man auf ihn aufmerksam wurde oder bis sein Auftritt an der Reihe war. Aber dann ist er immer ganz präsent, hält aus dem Stegreif eine Ansprache, in der jedes Wort und jeder Witz sitzt, brilliert allemal, freilich ohne künstlichen Glanz aufzutragen. Auch im Kanzleramt mimt er nicht den Pascha, der seine unmittelbaren Untergebenen und Helfer um sich herumtanzen lässt. Nein, er ist es, der sich bewegt, der bei diesem und bei jenem hereinschaut, der das eine fragt, das andere sagt und gelegentlich auch eine verdammt schlechte Laune ablässt. Dann läuft sein Gesicht rot an, dann taucht er seine Augen in ein ganz tiefes Blau, dann gräbt sich die Falte über seiner Nasenwurzel noch tiefer ein, dann steht für einen gefährlichen Moment der Machtmensch Schröder, der Basta-Kanzler, vor einem. Vielleicht ist es auch dieses Von-Gleich-zu-Gleich, das ihn den Autokraten Putin so demonstrativ unbeirrbar freundschaftlich umarmen und sich für dessen Interessen einspannen lässt. Aber ein Quäntchen Männerfreundschaft ist es gewiss auch.

SCHRÖDER, STOLPE, GAUCK – MEINE KLÜGSTEN OSSIS

I ch sah Richard, den anderen Schröder, zuerst im Fernsehen bei politischer Schwerstarbeit. Er war der Fraktionsvorsitzende der Sozialdemokraten in der ersten frei gewählten Volkskammer, und er werkelte verzweifelt daran, eine große Koalition zusammenzuhalten. Fast jeden Abend turnte der kleine Mann über den Bildschirm. Seine Stimme – mit diesem feinen, gebildeten Dresdner Akzent – drang in die westdeutschen Wohnzimmer und transportierte sehr gescheite Sätze.

Er fiel mir auf, ich wollte ihn unbedingt für einen Auftritt in meinem Stuttgarter SDR-Kulturforum gewinnen, und natürlich auch für meine Interview-Sendung am Samstagabend. Das gelang.

Richard Schröder, Theologe und Philosoph, der später einen Lehrstuhl an der Humboldt-Universität innehatte, wäre sehr gern in der Politik geblieben. Doch die SPD spie ihn aus. Er stand ja auch für keine Ideologie, hatte weder eine Wessi-Sicht, noch einen Ossi-Kopf. Richard Schröder, ein Pragmatiker, ein Kantianer, stand nur für seine eigenen Gedanken. Und die waren erheblich scharfsinniger als das, was die Sozialdemokratie normalerweise produziert und erträgt. Diese Partei hat eine Vorliebe für den schwachen Mann. Und so ließ sie ihren Kanzler Helmut Schmidt scheitern; so entschied sie sich, als es 1993 in einer Urwahl um den SPD-Bundesvorsitz und somit kommenden Kanzlerkandidaten ging – Gerhard Schröder, Heidemarie Wieczorek-Zeul und Rudolf Scharping standen zur Wahl –, für den absolut unbedeutenden und ungeeigneten Scharping, was ja dann auch gründlich schieflief. Und weiter: Auf dem Vereinigungsparteitag von Ost- und West-SPD wurde der später als Stasi-Spitzel enttarnte Ibrahim Böhme in den Vorstand gewählt, Richard Schröder jedoch übergangen. Er war wohl zu klug. Mit diesem Kopf, der das damals noch in Bonn residierende Parlament unbedingt bereichert hätte, konnte seine

Partei nichts anfangen. Allenfalls wollte man ihn auf den hinteren Bänken der Fraktion dulden, wie er mir erzählte, er müsse da noch einmal ganz von vorne anfangen. Eine Zumutung, auf die er sich nicht einließ.

Es blieben ihm allerdings viele öffentliche Ämter, wie etwa das eines Verfassungsrichters in Brandenburg oder eine Mitgliedschaft im Ethikrat der Bundesrepublik. Bis heute ist er eine gefragte Stimme, etwa als Vorsitzender des Fördervereins Berliner Schloss oder als Vorstandsvorsitzender der Deutschen Nationalstiftung. Er ist als Redner gefragt, publiziert viel, war auch schon für das Amt des Bundespräsidenten im Gespräch. Dass er dieses Amt seinem Ost-Kollegen Joachim Gauck überlassen musste, hängt freilich auch mit einer Seite seines Wesens zusammen, die man als liebenswert skurril einordnen könnte. Ein Herr ist er nicht, ein richtiger Egghead schon – auch im wahrsten Sinn des Wortes, man muss ihn nur anschauen. Er sieht aus, als ob der englische Begriff an seinem Schädel, dessen Stirnpartie gar kein

Die Ludwigsburger Festspiele unter Wolfgang Gönnenwein bieten nicht nur Musik. Auf der Bühne des Schlosstheaters spricht die Autorin mit Lothar Späth und Richard Schröder über die deutsche Einheit.

Ende nehmen will, maßgenommen hätte. Dieser Mann, der die schlausten und inhaltsreichsten Texte zum Thema der zwei deutschen Staaten und ihrer Wiedervereinigung geschrieben hat, der in allem, was er zu Papier bringt oder in den PC klappert – derzeit etwa auch zur Flüchtlingsfrage –, präzise formuliert und die Argumente so logisch, so glasklar auseinander hervorgehen und zu einem überzeugenden Ganzen streben lässt, dieser Kopf ist auch Hand. Will sagen: Er ist ein Bastler, Tüftler, leidenschaftlicher Handwerker und Technikfreak. Als ich ihn das erste Mal in seinem Haus in Berlin-Blankenfelde besuchte, kam ich aus dem Staunen gar nicht mehr heraus. Da waren noch überall die Spuren der Mangelwirtschaft zu sehen: Leitungen über dem Putz, Isolierungen aus Leukoplast, wacklige Schalter, Provisorien, aber auch die allerneueste westliche Telefontechnik. Später, als sämtliche Materialien wieder zu haben waren, baute er sich einen Wintergarten und seiner Tochter ein wunderschönes und vollkommen perfektes Gartenhaus. Natürlich hat er es von vorne, hinten, oben und unten fotografiert. Ich durfte es mehrfach auf seinem Handy bewundern. Und jedes Mal konnte ich mich des Eindrucks kaum erwehren, dass sein Stolz über die in diesem Gebäudchen zum Ausdruck kommenden Fertigkeiten den Stolz über seine publizistischen Werke fast noch übertrifft. Chacun à son goût!

Über all die Jahre seit der Wende ist der Kontakt zu diesem ebenso blitzgescheiten wie eigentümlichen Mann nicht abgebrochen. Das lag an der gegenseitigen Sympathie, das lag ebenso an der uns beiden eigenen Art, in politischen Dingen pragmatisch zu denken, und es lag – nicht zuletzt – an einem publizistischen Kampf, den wir parallel ausfochten. Gemeint ist der Kampf auf der Seite des brandenburgischen Ministerpräsidenten Manfred Stolpe gegen den Mainstream, vor allem westlicher Medien, die Stolpes Skalp forderten. Was war geschehen? Manfred Stolpe, als Konsistorialpräsident der höchste evangelische Kirchenjurist, hatte zu DDR-Zeiten nicht nur Kontakte in den Westen, etwa zu Helmut Schmidt und Erhard Eppler, sondern auch zur Stasi im Osten. Irgendwann hatte er sogar eine Verdienstmedaille angenommen, und also fanden die Berufspharisäer – wie sie meinten – ausreichend Anlässe, Manfred Stolpe als Stasispitzel anzuklagen und zu verdammen. Dabei war es selbstverständlich, dass er in alle Richtungen Verbindungen haben musste, sonst hätte er nichts bewirken können. Spitzeldienste sind ihm nie nachgewiesen worden, das Bundesverfassungsgericht untersagte auch, ihm solche anzuhängen. Und Matthias Platzeck, Bürgerrechtler und Stolpes Nachfolger, gab mir in einem Gespräch einen aufklärenden Satz mit auf den Weg: »Für den Notfall hatten wir alle immer Stolpes Telefonnummer in der Tasche, damit er uns aus dem Gefängnis wieder rausholt.«

Für diesen Mann also schrieb und sprach ich ein um das andere Mal Kommentare gegen die Kommentarflut der Tugendritter. Denn es war doch klar, dass er nicht mit dem lieben Gott reden konnte, um einen Verhafteten aus dem Gefängnis zu befreien. Das gab auch Joachim Gauck schließlich insofern zu, als er eingestand, dass Stolpe in der Tat vielen Dissidenten geholfen hat. Zu hören war das, was ich erst schrieb, dann sprach – und zwar auf der ersten Welle des damals noch lebenden Süddeutschen Rundfunks –, und es hat, so hoffe ich, diesem und jenem Hörer ein Licht aufgesteckt. Politisch war es jedoch weitab vom Geschehen. Da hatte Richard Schröder, der vor allem in der Frankfurter Allgemeinen Zeitung und im Tagesspiegel publizieren konnte, natürlich eine ganz andere Wirkung. Stolpe, der sich selbst einen »gelernten DDR-Bürger mit Westerfahrung« nannte, blieb unerschütterlich. Diese Festigkeit und auch seine äußerliche Undurchdringlichkeit habe er in der Diktatur gelernt, gestand er mir. Er hielt also durch, die Kampagne beschädigte den einzigen machterprobten und auch charismatischen Ost-Politiker der ersten Zeit nicht wirklich. Dass sie ihn trotzdem persönlich verletzte, versteht sich von selbst. Aber er blieb, blieb auch trotz der Anwürfe Joachim Gaucks, der zu jener Zeit noch die Stasi-Unterlagen-Behörde leitete und gelegentlich im Sinne der Westmedien im Fernsehen auftrat.

Doch hier standen nicht nur die Medien gegen einen, dessen Skalp sie erobern wollten, was ja im Osten vergleichsweise einfach war in jener Zeit des Übergangs. Nein, hier war auch eine Auseinandersetzung unter drei evangelischen Kirchenherren zu beobachten: dem Denker Schröder, dem Redner Gauck und dem Diplomaten Stolpe.

Die West-Medien befeuerten den Streit auf pharisäerhafte Art, gerade so als hätten sie sich an Stolpes Stelle viel tugendhafter verhalten, wie sie ja auch im Dritten Reich, versteht sich, alle miteinander Widerständler gewesen wären. Keine Frage. Stolpe war ihnen ein Sünder wider die politische Reinheit. Aber hätte er denn eine andere Wahl als diese Rolle des Undurchsichtigen gehabt, wenn er irgendetwas erreichen wollte?

Ich stand für ihn auf den Barrikaden, auch wenn mich dort nur wenige wahrnahmen. Ich empfand die Kampagne gegen ihn als äußerst ungerecht, war sie doch angezettelt von Leuten, die sich niemals einer vergleichbaren politischen Versuchung ausgesetzt sahen und auch keinerlei Ahnung hatten, was es bedeutet, in einem totalitären System zu überleben oder dort sogar politisch aktiv zu sein. Ich war empört. Diese Pharisäer waren mir zutiefst zuwider.

Eines Tages erhielt ich eine Einladung in die Landesvertretung Baden-Württemberg in Berlin zu einem Podiumsgespräch mit Spargelessen. Im Publikum saß Joachim Gauck. Es war die Zeit seines Interregnums zwischen der Chefstelle in der Gauck-Behörde und dem Amt des Bundespräsidenten. Er reiste durch die Republik als Lehrer für die Demokratie, für die Freiheit und den Westen, eingeladen von allen erdenklichen Organisationen und Banken. Nun versuchte das Zweite Deutsche Fernsehen ihn für eine Gesprächssendung zu gewinnen. Er sollte die Fragen stellen. Aber das war nicht sein Ding, das konnte er nicht. Joachim Gauck ist einer, der Antworten gibt. Die Fernsehkarriere versandete folglich sogleich, und er fürchtete schon, sein Stern könnte sinken.

Das war die Situation an diesem Abend, was seiner Aufgeschlossenheit jedoch keinerlei Abbruch tat. Am Ende der Diskussion, nach dem etwas zu harten Spargel und badischem Wein, kam er auf mich zu, weil ihn irgendetwas an meinen Diskussionsbeiträgen angeregt hatte, und ich nutzte die Gelegenheit, ihm meinen geballten Missmut über seine Fernsehauftritte zum Thema Stolpe entgegenzuhalten. Daraus ergab sich ein hübsches Hin und Her. Wir stritten mächtig – und wurden Freunde. Jedes Mal, wenn ich

in Berlin zu tun hatte, trafen wir uns bei einem Spanier in der Wielandstraße, rauchten viel, was wir beide uns inzwischen abgewöhnt haben, und redeten und redeten und redeten: über das Leben, über die Liebe, über Vergangenheit und Zukunft. Ich weiß niemanden, mit dem das so gut geht wie mit Joachim Gauck. Er war mir Beichtvater, Klagemauer, Freund, Seelsorger, sogar wenn ich ihn nachts um ein Uhr anrief, weil mich ein Kummer drückte.

Besuch im Schloss Bellevue im Frühjahr 2017 bei Joachim Gauck, einem Freund, der Bundespräsident geworden war.

Er war und ist das Gegenteil von Manfred Stolpe, der brandenburgischen Sphinx. So verschieden sind meine klugen Ossis, die doch alle ihre Probleme mit dem Unrechtsstaat DDR hatten. Alle drei haben die Diktatur erlebt und überlebt, alle drei mussten sich unter viel schwierigeren Verhältnissen zurechtfinden als die westdeutschen Normalbürger und Kirchenleute, alle drei sind daran gewachsen und haben in diesem Kampf ihre besondere Originalität ausgeprägt. Ihre Erfahrungen verbinden sie mehr mit der Nachkriegsgeneration der westdeutschen Politiker als mit den jüngeren unter deren westlichen Kollegen, von denen die allermeisten doch außer politischen Streitigkeiten nichts erlebt und nichts erlitten haben.

Meine klügsten Ossis sind auf alle Fälle viel interessanter. Sie haben eine Tiefe, die aus dem Leiden erwächst. Das ist nun Geschichte. Jetzt darf jeder von ihnen ganz er selbst sein, alle drei dabei pragmatisch denkend und der bundesrepublikanischen Freiheit uneingeschränkt kämpferisch zugetan.

Wenn Richard Schröder an dieser Front streitet, monologisiert er gern. Es ist nicht ganz einfach, mit ihm ein Gespräch zu führen. Kaum gelingt es einmal, mit Fragen den Kokon aufzubrechen, in den er sich einspinnt. Trotzdem hat er am Ende einer Begegnung alles, was wichtig ist, parat, gerade so als ob er es per Osmose aufgenommen hätte. Manfred Stolpe hingegen beantwortet Fragen. Sehr konzentriert, sehr präzise. Er sagt nichts Unüberlegtes. Auch nichts Emotionales. Seine Netze spannt er weit über die eigene Person hinaus. So hat er immer noch großen Einfluss, bewegt dieses und jenes hinter den Kulissen, wie er es gewohnt ist, hilft auch nach wie vor, obwohl er schon lange kein politisches Amt mehr ausfüllt.

Mit Joachim Gauck hingegen kann man sich stundenlang ohne Barrieren austauschen. Unter meinen klugen Ossis ist er der Offenste. Und wenn man mit ihm im Schloss Bellevue mittags zu Tische saß – sogar beim Genuss einer Speisenfolge auf dem Niveau der Haute Cuisine, also bei aufgeschäumter Pastinakenmilch und Wachtelei, bei Winterkabeljau mit Tomatenmarmelade und karamellisierter Vanillecreme zum Abschluss –, dann ging es derart leger zu, als säße man bei ihm zu Hause in Wustrow am Strand der Ostsee und verzehrte allenfalls einen Matjeshering.

ANGELA, DIE REINE MAGD

Es muss in diesem Saal gewesen sein, in der Berliner Mohrenstraße, wo zu den Zeiten, da die DDR ihr Ableben zelebrierte, Pressekonferenzen stattfanden. Hier hatte Günter Schabowski auf die Journalistenfrage, ab wann die neuen Reisebestimmungen denn in Kraft seien, das berühmte Zauberwort gesprochen, das die Mauer zum Einsturz brachte: »Nach meiner Kenntnis ist das sofort ... unverzüglich.« Und hier erlebte ich auch ein junges Mädchen, das als stellvertretende Regierungssprecherin von Lothar de Maizière, des ersten und einzigen frei gewählten Ministerpräsidenten der DDR, auf der kleinen Bühne stand und freundlich Auskunft gab. Dass sie aus der tiefsten Provinz kam, war nicht zu übersehen: mit dem mönchsähnlichen Rundumschnitt ihrer Frisur, mit einem in der Taille gerafften und längs gestreiften bäurischen Rock über weißer Bluse. Auch sagte sie nichts, das einen vor Begeisterung vom Stuhl gerissen hätte. Sie war einfach da, tat ihre Pflicht, ein Wesen aus einer anderen Welt. Nicht im Traum hätte einem einfallen können, dass diese brave und nicht sehr eloquente Provinzblüte eine Kanzler-Karriere und in deren Verlaufe auch Weltgeltung vor sich hatte.

Jahre später stand ich im Reichstag zu Berlin am hinteren Eingang und wartete auf einen Abgeordneten, als plötzlich die Tür auflog. Ein kräftiges weibliches Wesen, schwarze Hose, rote Jacke, stürmte wie vom heftigsten Winterwind getragen herein und – immer zwei Stufen auf einmal nehmend – die Treppe hoch. Klar, hier unten geschah ja auch nichts, aber oben, da wo die Sauseschritte sie hinführten, da wohnte die Macht. Da wollte Angela Merkel hin. Etliche Stufen bis nach ganz oben an die Spitze des Staates hatte sie schon genommen, nicht ganz so schnell wie auf dieser Treppe, aber äußerst nachhaltig wirksam. Helmut Kohl, einst ihr Förderer, sah sich ob der Spendenaffäre rüde vom Sockel des Ehrenvorsitzenden der CDU gestoßen. Ein vernichtender Gastkommentar der CDU-Generalsekretärin Merkel in der Frankfurter Allgemeinen Zeitung hatte den Anstoß gegeben. Drei Jahre später vertrieb sie Friedrich Merz, den Unions-Fraktionsvorsitzenden im Deutschen Bundestag, von seinem Posten. So weit also war sie an diesem Berliner Tag schon gekommen. Nun führte sie die Fraktion. Der Sprung ins Kanzleramt lag noch vor ihr.

Ich hatte nie einen persönlichen Kontakt zu ihr, nachdem ihr dieser Sprung gelungen war. Und trotzdem ist sie mir in ihrem zehnten Amtsjahr mit ihrer Politik unverhofft sehr nahe getreten. Mir und sicherlich auch ein paar anderen Bürgern in diesem Lande. Was war geschehen? Nachdem sie fernsehöffentlich ein palästinensisches Mädchen zum Weinen gebracht hatte, weil sie ihm sagte, dass nicht jeder Flüchtling hierbleiben könne, und weil daraufhin ein Medienecho losbrach, das die Kanzlerin der Kälte zieh, zeigte sie nun überbordende Warmherzigkeit. Sie ließ Tausende von Migranten, die verzweifelt auf dem Budapester Bahnhof darauf warteten, nach Deutschland einzureisen, quasi unkontrolliert ins Land. Nach der Energiewende war dies schon die zweite folgenreiche Spontanentscheidung der vorgeblich so beherrschten Regierungschefin. Warum sie es dieses Mal tat? Weil sie jenes Bild von der kaltherzigen Frau korrigieren wollte? Aus schöner Menschlichkeit? Um keine bösen Bilder über das hartherzige Deutschland in die Welt schicken zu lassen? Oder auch, wie manche behaupteten, weil sie sich um den Friedensnobelpreis bewerben wollte?

Wie dem auch sei. Das Tor war offen. Es ist bis heute nicht geschlossen, oder nur dort wo andere, Ungarn und Österreich etwa, weiterhin dicht machen. Und natürlich gingen auch Bilder um die Welt, aber nicht die, welche man ursprünglich vermeiden wollte. Die neuen Fotos, Selfies, die Angela Merkel, Kanzlerin der Bundesrepublik Deutschland, cheek by cheek mit vollkommen unbekannten schnauzbärtigen Flüchtlingsmännern präsentierten: Das waren die Fotos, die nun weltweit Aufmerksamkeit erregten. Sie zeigten eine Regierungschefin unter dem Niveau ihres Amtes, und sie verbreiteten die Botschaft: Kommt alle her, hier seid ihr willkommen, hier werdet ihr geliebt und versorgt. Mutti ist für euch da. Die Wirkung blieb nicht aus, und die Republik gefiel sich in dieser Pose, zumindest ein Weilchen. Eine Riesenwelle der Hilfsbereitschaft schwappte über das Land. Und fast alle fanden es gut. Mir kam das gleich ein bisschen übertrieben vor. Schön zwar, dass Deutschland sich seit Adolfs Zeiten so gewandelt hat, aber konnte das auch gut gehen? Mit den vielen jungen Männern im besten Testosteronalter? Mit den Enttäuschungen, die auf die Flüchtlinge warteten? Mit den Konflikten, die mit den Menschen aus völlig anderen Kulturkreisen auf uns zukommen mussten? Wie anders war das doch mit den einstmals in Deutschland so verteufelten Juden, die sich seit Jahrhunderten vollkommen angepasst und integriert hatten. Sie sprachen die Landessprache, und dort, wo sie noch religiös waren, kollidierte ihr Glauben nicht mit dem Christentum und den geltenden weltlichen Gesetzen. Das ist im Falle von Hunderttausenden muslimischen Einwanderern völlig anders.

Doch nicht nur diese Gedanken gingen mir durch den Kopf und fanden in so mancher Kolumne einen Widerhall – nicht immer zur Freude meiner Redaktion. Vor allem fielen mir sogleich meine Großmutter und ihr Sohn Günter wieder einmal ein, die beiden von den Nazis Ermordeten. Erneut sah ich sie auf ihrer Wolke sitzen und von dort voller Staunen herunterschauen, sah sie das wilde Willkommenstreiben am Münchner Hauptbahnhof betrachten. Ich hörte, wie sie sich unterhielten und sich fragten, ob dieses seltsame deutsche Volk immer von einem Extrem ins andere fallen müsse? Erst vertreiben und ermorden sie die eigenen Landsleute, deren Familien seit ewigen Zeiten hier zu Hause gewesen sind, begeisterte Deutsche, Künstler, Ärzte, Rechtsanwälte, Filmschaffende, Schauspieler, Schriftsteller, Dichter, Kaufleute, Musiker, Kunstsammler, Konfektionäre wie mein Großvater und ganz normale Bürger – sehr viele unter ihnen sozial eingestellt und wohltätig. Und dann, um zumindest den Ansehens-Schaden wiedergutzumachen, um nach Mord, Raub und Vertreibung doch ein Herz zu zeigen, nimmt Deutschland die Elenden und Entrechteten aus der ganzen Welt, darunter etliche Analphabeten, in seine Arme und in seine Sozialsysteme auf. Das ist lobenswert, zumindest bis zu einem gewissen Grad, wenngleich nicht gefahrlos. Aber warum werden diese Fremden, die eine zum Teil rückständige und auf alle Fälle völlig andere Kultur ins Land bringen, nur so geliebt? Warum hat man uns, die wir doch Fleisch vom deutschen Fleisch waren, so tödlich gehasst? Solche Sätze vernahm ich von der Wolke herab, und sie taten mir unendlich weh.

EINE BESONDERE BEGEGNUNG

Am Eingang zum Haus Nr. 39, in der Alten Landstraße zu Kilchberg am Zürichsee, hing doch tatsächlich noch das alte Messingschild mit der Prägung des berühmten Namens. »Thomas Mann« stand da unübersehbar, obwohl der Schriftsteller bei diesem Besuch im Jahre 1984 schon lange tot war. Hier hatte er am Ende seines Lebens noch einmal ein Haus nach seinem Geschmack gefunden, schließlich war er doch immer ein Hausbesitzer gewesen. Jetzt wohnte sein Sohn Golo hier, den die Eltern in seiner Kindheit nicht so ernst genommen hatten, und der später als einziger unter den sechs Sprösslingen ein Schriftsteller aus eigenem Recht und mit anhaltender Bedeutung geworden war, ein Historiker von Rang. Sein Horizont reichte weit. Er schrieb über Wallenstein wie über das zwanzigste Jahrhundert, war viel politischer als der weltberühmte Vater, zudem ein begabter Menschenkenner und deshalb ein Interviewpartner, der mich außerordentlich interessierte, wenn es darum ging, über Deutschland zu reden.

Da saß ich also in diesem bildungsbürgerlichen Haus im Erker des Wohnzimmers in einer hell bezogenen Sitzgruppe, weiß das Sofa, biedermeierlich die Sessel. Der Blick ging hinaus auf den Zürichsee. Am Fenster Blumentöpfe. Kerzenleuchter, vierarmig, auf einem zierlichrunden antiken Nähtischchen. Darüber ein breitgerahmtes Landschaftsbild an der Wand. Gegenüber Bücherregale bis unter die Decke. Und mittendrin, sich hierhin und dorthin drehend, dieser im Alter nun kleine Mann, der unverkennbar die Züge des Vaters trug und doch auch der Mutter ähnlich sah. Freundlich war er und außerordentlich auskunftsfreudig, dem man nachsagte, dass er so schwierig sei.

Kam ich am Vormittag oder am Nachmittag? Ich weiß es nicht mehr. Doch der Abend war noch fern. Trotzdem wurde es gleich gemütlich. Der Hausherr schenkte einen edlen Whisky ein. Das Angebot nahm ich gerne an, ist es doch ein Getränk, das die Stimmung hebt, Vertraulichkeit schafft und gleichwohl der Gedankenklarheit keinen Abbruch tut. Derart beflügelt konnte ich mit dem alten Herrn, Kind einer jüdischen Mutter wie ich, der die Nazi-Katastrophe durchlitten hatte, der lange Jahre ein Emigrant in den Vereinigten Staaten und in diesem Moment so gerne ein Schweizer Bürger war, über Deutschland reden: »Aber ja«, sagte er mit Temperament in der Stimme und einem feinen Münchner Akzent, »natürlich hat mich die Politik der Bundesrepublik vom ersten Augenblick an brennend interessiert.« Und ja: »Ich bin ein Deutscher und bin es nicht.«

Ach, natürlich war er ein Deutscher, nicht nur ein hier Geborener, sein ganzes Leben war ja geprägt von deutscher Geschichte und dem deutschen Schicksal seiner Familie. Und schon landeten wir auch bei dem, was noch vor den beiden Weltkriegen stattgefunden hatte: zuerst bei der »Einheit in der Vielfalt«, der er auch Österreich zurechnen wollte, danach bei diesem »ungemein dynamischen bismarckschen Nationalstaat«. Die Bundesrepublik, befand er, sei ein Glied in dieser Kette, auch dank des Marshallplans. Und selbstverständlich gehört auch die DDR in diese Tradition. Dann lobte er Adenauer, diesen »Karolinger«, nur die Sache mit Globke, »das hätte er nicht tun sollen«. Aber Franz Josef Strauß, den angeblich »begabtesten Politiker der Bundesrepublik«, galt es zu preisen. Der hätte bestimmt einen besseren Außenminister abgegeben als Hans-Dietrich Genscher, was wir Jüngeren natürlich ganz anders sahen. Wir hielten Golo Mann, der ja Franz Josef Strauß 1980 auch in seinem Kampf ums Kanzleramt unterstützt hatte, zumindest in jener Zeit für einen finsteren Reaktionär. Aber das lag, wenn er es denn wirklich gewesen war, an diesem Kilchberger Tag längst hinter ihm. Jetzt glaubte ich in ihm, trotz seiner Zugehörigkeit zur Schweiz, einen deutschen Patrioten zu erkennen, einen aus dem Abstand Liebenden, einen durch die Nazi-Barbarei in seiner kulturdeutschen Verwurzelung und ebenso durch die erzwungene Exilierung zutiefst Gekränkten.

Wie nah er den deutschen Vorgängen war, ließ er auch an der lustvollen Bosheit erkennen, mit der er das Führungspersonal der Bundesrepublik zerrupfte. So sagte er Helmut Schmidt nach, auch wenn der auf Genscher so wütend gewesen sei nach dessen Wechsel zu Kohl, so habe der Kanzler doch schon vorher gewusst, dass mit seiner SPD nicht mehr zu regieren sei.

Also hat die SPD ihren Kanzler Schmidt gestürzt?

»Aber gewiss, selbstverständlich!«

Und Kohl? Nun ja, »mehr Reden als Leistungen«, so urteilte der kleine Mann über den schwarzen Riesen, mit dem es zu diesem Zeitpunkt ja tatsächlich abwärts ging. Aber das war vor 1989, also vor dem Bremer Parteitag und vor dem Fall der Mauer.

Auf all das schnell noch einen Whisky getrunken und noch ein paar Sottisen platziert, en passant hingeworfen, über Otto Schily etwa, diesen »eiskalten Politiker«, diesen »Robespierre-Typ«. Andererseits Martin Bangemann, von dem er merkwürdigerweise einen »sehr guten Eindruck« hatte, und Lafontaine – wie sich auch ein blitzgescheiter Historiker irren kann! –, »der kommende Mann«.

Ob die Menschen etwas lernen aus der Geschichte, frage ich zum Schluss.

»Ja – nach dem Zweiten Weltkrieg sind die Sieger vernünftiger umgegangen mit Deutschland als nach 1918.«

In dieser Manier hätten wir noch lange weitermachen können. Doch dann war, zur Pflege des nicht mehr gesunden Herzens meines Gesprächspartners, die Zeit für den täglichen Spaziergang angebrochen.

Und schwupp, schon war er auch weg, war eilenden Fußes im nahen Wald verschwunden. Mit ihm verflüchtigte sich für mich einer der letzten Vertreter dessen, was vor Adolf Hitler zu Deutschland gehört hatte: dieses Bildungsbürgerliche, die Belesenheit einer breiten Mittelschicht, Herkünfte, die zu Niveau und Disziplin verpflichteten, sorgfältiges Handwerk, produktiver Fleiß, und das alles versetzt mit einem Schuss jüdischer Treffsicherheit und jüdischen Witzes. Es ist dahin, dahin. Diese Nation hat sich selbst auf Nimmerwiedersehen ihrer so unverwechselbaren geistigen Elite beraubt.

Geliebte Kolumne

ls der wunderbare, liberale Süddeutsche Rundfunk seinen liebenswerten und auf hohem Niveau gepflegten Geist aufgeben und mit dem Südwestfunk fusionieren musste, waren die schönen, freien Radio-Tage auch für mich zu Ende. Trotzdem blieb ich bis zur Pensionsgrenze Redakteurin in der Chefredaktion Politik des Hörfunks. Schon vorher hatte mich Uwe Vorkötter, zu jener Zeit noch Chefredakteur der Stuttgarter Zeitung, gefragt, ob ich Lust hätte, für sein Blatt eine Kolumne im Wechsel mit Manfred Rommel zu schreiben. Oh ja, und wie ich das hatte! Im November 1997 ging es los, und bald bildete sich wie von selbst eine Art Rollenverteilung heraus. Manfred Rommel gab den Philosophen, ich spielte den Wadlbeißer. Das hielten wir, trotz Rommels Parkinson-Erkrankung, lange durch – eine Woche er, eine Woche ich.

Von allem Anfang an – das liegt nun mehr als zwanzig Jahre zurück – war es eine sehr anstrengende Arbeit. Eine Kolumne ist ein Joch: Es gilt auf Biegen und Brechen pünktlich zu liefern, immer wieder und immer wieder. Man muss sich etwas einfallen lassen, möglichst abwechslungsreich, für den Leser auch überraschend. Das Thema darf noch nicht von den Kollegen abgegrast sein. In etwas Besonderem heißt es, das Allgemeine zu entdecken, also, einen Blick für das zeittypische Detail zu finden und daraus seine Überlegungen zu entwickeln. Außerdem sollte man origineller, feuilletonistischer, literarischer formulieren, als es für einen Leitartikel geboten ist, kurzum: in einem eigenen Stil schreiben. Doch den hat man oder man hat ihn nicht. Bei alledem ist Meinung gefragt, pointiert vorgetragen, überzeugend begründet und so mutig nach außen vertreten, dass unter Umständen die einen jubeln und die anderen vor Empörung aufschreien. Eine Kolumne darf polarisieren. Und sie kann gern über den Tag hinaus aktuell sein.

Der Philosoph und die Wadlbeißerin: Von 1997 an schreiben sie im wöchentlichen Wechsel Kolumnen für die Stuttgarter Zeitung. 2002 veröffentlicht Sibylle Krause-Burger eine erste Sammlung dieser Arbeiten. Manfred Rommel, der freundliche »Kon-Kolumnist«, präsentiert das Buch.

Ohne Disziplin ist das alles nicht zu haben und auch nicht ohne den jedes Mal wieder neu erlebten und erlittenen Anspruch, das eigene Niveau zu halten.

Es ist die zugespitzte Meinung, welche die Leser herausfordert, sie ärgert oder bestätigt, sodass sie sich einen Namen und ein Gesicht merken, Briefe schreiben, Mails in den Äther schicken oder die Kolumnistin auf der Damentoilette der Oper ansprechen: »Ah, sind Sie nicht?« … »Doch, ja« … »Sie haben mir wieder aus der Seele geschrieben« … »Wie immer den Nagel auf den Kopf getroffen« … »Mutig, mutig!« … »Weiter so!« … »Nur das letzte Mal, da …«

Ich nehme solche Begegnungen vergnügt zur Kenntnis, nehme sie als gerechten Lohn für den Stress, für die vielen Wochenenden, die ich am Rechner verbracht habe und verbringe, und für die Anstrengung, meinen Lesern Orientierung samt Unterhaltung anzubieten. Leicht ist das nicht. Deshalb trifft auf das Schreiben einer Kolumne ganz besonders zu, was der längst verstorbene Kollege Roland Hill, Korrespondent der Stuttgarter Zeitung in London, über viele Jahre als seine prägende journalistische Erfahrung ausgegeben hat: Schreiben ist die Hölle, geschrieben haben der Himmel.

Ja, so ist es, so erlebe ich es, und so sieht diese Arbeit in der Praxis aus: Die Woche, an deren Ende ich die Kolumne verfassen muss – zu liefern am Montagmittag – beginnt entspannt. Mon Dieu, ich hab' ja noch so viel Zeit. Also lese ich tausendundeine Zeitung und wälze tausendundzwei Gedanken. Es wird Mittwoch: immer noch kein Druck. Donnerstag, jetzt wäre es schön, wenn ich schon einen Faden aufnehmen könnte. Ist aber meistens nicht der Fall. Da bietet sich noch nichts an. Also wieder Zeitungslektüre, Nachrichten im TV, Talk-Shows. Bringt mich alles nicht weiter. Freitag – dieses und jenes huscht mir durch den Sinn, Samstag, da heißt es erst einmal einkaufen und dann wieder lesen, lesen, lesen. Ich bin ja auch noch vollkommen unentschieden. Sonntag: Das Thema, das ich mir schließlich in der Nacht von Samstag auf Sonntag vorgenommen habe, ist weg, erledigt, abgeräumt. Die Politik ändert sich so blitzartig wie die Situationen in einem Fußballspiel. Sonntagmorgen: Sanfte Panik ergreift mich. Sonntagmittag: Ich halte die Nase in die Luft und versuche in meiner Verzweiflung eine Witterung aufzunehmen, die Witterung dessen, was in dieser Woche auf der Agenda steht, was womöglich besonders anstößig war und ist. Irgendetwas fange ich schließlich an und bemerke: Ich habe es längst im Hinterkopf, habe das Thema der Woche seit Tagen angedacht. Es war mir nur noch nicht ganz bewusst geworden. Und dann kann es losgehen. Also: Wie fange ich an? Wohin sollen die Gedanken laufen? Wie komme ich vom Hölzchen aufs Stöckchen? Mit welchem Treffer höre ich auf?

Die Nacht wird unruhig, gegen Mittag am nächsten Tag muss ich liefern. Natürlich werde ich erst in der letzten Minute fertig. Am

Ende, nach heftigem Herumfeilen, liefere ich den Text rechtzeitig ab, und nun tut sich der Himmel auf, der Journalistenhimmel. Tief durchatmen. Essen gehen. Etwas zum Anziehen kaufen. Zufrieden sein.

Und der Ernstfall? Ja, den gibt es auch. Dann ist am frühen Montagmorgen das Thema von der Bildfläche verschwunden oder völlig in den Hintergrund gerückt, mein Protagonist vom Blitz erschlagen, die Hauptperson vom Infarkt dahingerafft, mein Aufreger zum Langweiler mutiert und der Text, mit dem ich mich wie üblich ziemlich gequält habe, von vorgestern. Was also tun? Jetzt muss in einem Zug gelingen, was normalerweise mehr Zeit in Anspruch nehmen darf. Also: Thema finden und Durchführung entwickeln. Bisher ist das immer gut gegangen. Aber manchmal fällt die Arbeit auch von allem Anfang an leicht. Dann liegt Material auf meinem Schreibtisch, das ich die Woche über gesammelt habe. Der Termin, an dem ich an der Reihe bin, kann mir gar nicht schnell genug kommen. Ich brenne darauf, meine Meinung unter die Leute zu bringen. In Gedanken ist die Kolumne längst fertig. Sie muss halt nur noch geschrieben werden. Doch selbst wenn das Thema und die Abfolge der Argumente längst klar sind, ändert sich nichts daran: Schreiben ist die Hölle. Erst wenn ich geschrieben habe, fühle ich mich wie im Elysium.

Was für ein wunderbarer Beruf, für mich der schönste der Welt! Ich durfte große Reportagen schreiben, durfte herausragende Ereignisse der Politik aufs Korn nehmen; ich durfte Porträts und Bücher über die mächtigen Akteure von Politik und Wirtschaft verfassen. Ich reiste im journalistischen Tross dieser Leute um den Globus, sah Lateinamerika und China, Russland und die Vereinigten Staaten von Amerika, den Nahen Osten mit Jordanien und Israel, dazu Tunesien und Ägypten. Seit mehr als zwanzig Jahren kann ich meine Meinung in einer Kolumne an ein großes Leserpublikum weiterreichen und dabei aus dem Fundus meiner Beobachtungen, Erfahrungen und Gespräche schöpfen. Anders wäre diese Arbeit gar nicht möglich. Hinzu kommt: Die Medien, für die ich arbeitete und arbeite, sind seriös und angesehen. Aber sie sind in Gefahr. Der Journalistenberuf, so unerlässlich er für das Leben der Demokratie ist, hat an Renommee verloren. Die Auflagen der Zeitungen gehen dramatisch zurück. Im Internet kann jeder Schwachkopf seine Meinung verbreiten. Viele, die sich ohne journalistische Ausbildung und Sachkenntnis Blogger oder Youtuber nennen, selbsternannte Welterklärer, lösen Bewunderung aus.

Donald Trump, der amerikanische Präsident, kritisiert die angeblichen Fake News seriöser Blätter und Sender, während er selbst falsche Nachrichten en masse über Twitter in die Welt aussendet. Das Alleinstellungsmerkmal des journalistischen Berufs – die Möglichkeit, mit Nachrichten, Leitartikeln, Reportagen, Features, Feuilletons und prononcierten Meinungen an die Öffentlichkeit zu treten, Orientierung zu geben und weiterzureichen, worüber die Bürger normalerweise nichts erfahren –, das ist uns genommen. Die bewussten Verderber der politischen Sitten, die Feinde der Demokratie, viele Dumme und wenige Gescheite mischen mit. Doch wer eine der großen und seriösen Zeitungen regelmäßig liest, wer sich die Nachrichtensendungen und Dokumentationen der öffentlich-rechtlichen Rundfunkanstalten anschaut, der kann in Deutschland immer noch sehr qualifizierten journalistischen Beiträgen begegnen. Der kann erfahren, was in der Welt wirklich vor sich geht. Der kann erkennen, wo die Niedertracht haust und wo die Wahrhaftigkeit noch lebendig ist.